美国外资并购
安全审查制度研究

MEIGUO WAIZI BINGGOU
ANQUAN SHENCHA ZHIDU YANJIU

郑雅方 ◎ 著

中国政法大学出版社

2015·北京

目　录 / Contents

前　言

一、问题的提出

不断深入的全球经济一体化已成为当今世界经济发展的主要特征，而跨国并购则是推动全球经济一体化的原动力。随着2001年党的十五届五中全会正式将"走出去"战略写入《国民经济和社会发展第十个五年计划纲要》，我国越来越多的企业谋求海外并购，到2010年我国海外并购进入高速发展时期。高速发展不仅源于我国作为新兴经济体在进入经济危机后仍保持了稳步发展的态势，国民经济整体实力得到提升；还源于发达经济体复苏相对缓慢。随着我国"走出去"战略的不断深入实施，我国现已成为全球并购交易数额第二大国家，仅次于美国。

我国有实力的企业"走出去"之路并非一帆风顺，常伴有阻力与障碍。以美国为例，美国因其优越的投资条件长期以来被各国视为理想的投资对象，但我国企业赴美并购失败率总体高于英、法等国，所谓失败率指已宣布竞购的跨国并购被撤回、拒绝或失效的比例。较高的并购失败率使得我国赴美投资总额比例低于美国政府预期份额。导致跨国并购失败的原因多样，其中之一是我国企业跨国并购多集中于能源产业及高科技领域，这些产业本身就是美国外资并购安全审查的重点，而未能通过外资并购安全审查则会导致我国企业赴美并购失败。基于此，在经济一体化背景下，如何为我国企业更好开展跨国并购提供有效法律对策是亟待解决的问题。通过对以美国为代表的国外外资并购安全审查法律制度的研究，寻求法律对策，以配合"走出去"战略实施，是解决问题的有效路径。

另外，我国自改革开放以来就注重吸引外资，利用外资扩充资本、提升技术与管理水平、带动本国经济发展。作为东道国，外资并购不仅给我们带来了经济发展的动力，也引发了产业安全、国家安全的担忧，这些担忧不仅存在于学界、商界，也为我国最高决策层所关注。我国 2008 年施行的《中华人民共和国反垄断法》对外资并购国家安全审查进行了原则性的规定。2011 年 2 月，国务院办公厅下达《关于建立外国投资者并购境内企业安全审查制度的通知》完成了对外资并购安全审查制度的框架性规定，目的在于促进我国利用外资方式多样化、引导外资并购境内企业有序发展的同时，维护国家安全。2011 年 8 月，我国商务部为完善外资并购安全审查制度，发布了《商务部实施外国投资者并购境内企业安全审查制度的规定》。概言之，我国目前已建立了完整的外资并购安全审查制度，但制度所依据的法律渊源效力层级较低，且规范有待进一步细化完善，故有必要通过对先进的国外外资并购安全审查制度进行研究，思考如何进一步完善我国相应制度。

二、研究现状

美国对本国外资并购安全审查制度的研究可分为两条主线：一为学理研究，一为实证研究。早期美国该领域学理研究的主要集中点为：外资并购安全审查制度的必要性与独立性问题。在学理研究方面，较早的有 Alvarez 教授的论文 *Political Protectionism and US International Investment Obligations in Conflict：The Hazards of Exon – Florio*，论文集中阐述了作为外资并购安全审查制度早期法律蓝本的《埃克森 – 弗洛里奥修正案》可能带来的贸易壁垒，并可能导致美国违反国际投资义务。Nance 等在论文 *Regulation of Imports and Foreign Investment in the US on National Security Grounds* 中表示对《埃克森 – 弗洛里奥修正案》的支持，阐明修正案对维护国家安全的积极意义。随着国际经济一体化的发展，外资并购安全审查制度实施的深入，2007 年美国国会推出《外国投资与国家安全法案》（简称 FINSA）。该法律的出台再一次引起法学界对该制度的关注，关注点集中：改革后更严苛的审查制度如何才能平衡外资开放及国家安全。颇具影响力的学术论文如 Georgiev 教授的 *The Reformed CFIUS Regulatory Framework：Mediating Between Continued Openness to Foreign Investment and National Security*。Stagg 教授的论文 *Scrutinizing Foreign Investment：How Much Congressional Investment Is Too Much* 以新法授权国会参与安全审查为切入点，论证了应如何平衡安全审查中的外资开放与国家安全。

美国外资安全审查制度的审查研究以隶属美国国会的国会研究部（简称 CRS）和国会总审计局（简称 GAO）为代表，对外资安全审查制度有系列研究报告，研究出发点围绕制度实效评估及制度实效提升。美国的学术论文为制度研究提供了批判研究的线索；CRS 和 GAO 的系列报告为制度研究提供了实证研究基础。

在我国，较早对美国外资并购安全审查制度进行研究的是黄进教授，其论文"在美国的收买投资与国家安全审查"中认为《埃克森－弗洛里奥修正案》是美国反垄断法的新发展。《埃克森－弗洛里奥修正案》现在被看做是美国外资并购安全审查制度的早期法律框架，而外资并购安全审查制度与反垄断制度虽有联系，但彼此独立。

自 2006 年以后，国内对美国外资并购安全审查制度的研究逐步深入。推动研究深入的原因之一是我国 2005 年中海油竞购案因未通过外资并购安全审查制度而宣告失败。具有代表性的学术论文如：韩龙教授在其论文"美国外资并购中的国家安全审查制度：中国之借鉴"中对《埃克森－弗洛里奥修正案》的审查程序与国家安全标准进行了探讨，并提出对中国的启示借鉴。刘东洲教授在论文"美国外资监管中国家安全审查制度研究"中，阐释了美国外资并购安全审查制度的意义及作用。邵沙平、王小承教授在论文"美国外资并购国家安全审查制度探析——简论中国外资并购国家安全审查制度的构建"中通过梳理美国外资并购安全审查制度的历史演变，介绍了整体制度框架及制度革新。

2011 年我国外资并购安全审查制度初步建成，这促使我国法学界除了对美国外资并购安全制度本身展开研究外，在注重制度对策研究的同时，开始对中美制度比较研究以探讨我国制度的进一步完善。具有代表性的学术论文如：贺丹教授"企业海外并购的国家安全审查风险及其法律对策"集中分析了在国家安全概念扩展的背景下，中国企业如何将政治风险与因素转化为法律问题的对策。陈业宏、夏芸芸在《中美外资并购立法宗旨之比较》中，比较分析了中美外资并购立法目的差异，并提出应借鉴美国外资并购立法，确保我国国家、企业、职工的长远根本利益。另有些硕士、博士学位论文对美国外资并购安全审查制度进行研究介绍，但涉及此研究领域的专著为数不多。

总体而言，目前我国此领域的研究虽对美国外资并购安全审查制度新发展有介绍，但对制度缺陷及制度改革研究仍属空白；虽对中美外资并购立法有框架性的对比，但鲜见从制度层面及实证层面对两国立法实体及程序制度的全面比较。

三、研究内容

本书尝试通过多种研究方法的运用，对外资并购安全审查制度法律问题进行较全面的研究，研究分三部分内容完成。

第一部分对美国外资并购安全审查制度进行详细研究，通过梳理制度历史演进的方式，结合大量实证，阐释美国对外资并购过程中的新兴国家安全问题予以法律规制的必要性及合理性；论证如何合理实施美国外资并购安全审查制度——外资开放与国家安全平衡机制；并从国会如何适度参与安全审查、如何建立审查决定诉讼机制等方面探讨进一步优化该制度的革新点。本书研究的出发点是中国跨国并购法律对策问题及外资并购安全审查制度完善问题，故第二部分围绕我国企业赴美并购法律对策展开。基于案例分析，第二部分紧扣中国企业赴美并购可能遭遇的审查及风险，论述如何通过双边协定、完善企业公司治理、协同联动等方式保障我国企业有效参与并顺利通过美国外资并购安全审查。第三部分通过对中美外资并购法的系统化对比分析，探讨我国外资并购安全审查法的理论基础，并沿着实体制度与程序制度的主线，提出具体而富于操作性的制度完善措施。

四、研究方法

实证分析法。美国外资并购安全审查制度属于个案审查制度，即审查机构需充分考虑每个具体案件的事实，才能评价案件是否可能威胁美国国家安全。故如想全面深入地研究美国外资并购安全审查制度，不仅需要分析法律规范本身，更需结合大量实证案例，分析法律制度的实际运用。毕竟，美国外资并购安全审查制度的先进性不仅在于其不断革新完善的法律文本，更在于其执法机构的法律执行与法律运用。因此，大量经典并购案件的研究实属必要。

历史分析法。要客观真实地介绍美国外资并购安全审查制度，必须了解该制度的起源、发展、现状及未来。本书通过历史分析法，基于法律规范产生的特定经济、政治背景，系统梳理了美国外资并购安全审查制度的变迁。通过考察制度变迁史可知，在经济一体化背景下，一国并购安全审查制度的形成、发展与国际政治经济大环境的发展不可分割。

比较研究方法。本书旨在通过对美国外资并购安全审查制度的研究，对比中国现有外资并购安全审查制度，实现两大研究价值：首先，全面系统地分析美国外资并购安全审查立法制度，为中国企业赴美并购提供法律对策保障及政策分析指引；其次，通过总结美国外资并购安全审查立法制度经验及未尽之处，为我国外资并购安全审查制度提供可借鉴启示，从而实现我国外资并购安全审查的立法初衷，即实现外资并购企业的可持续发展，并保护我国国家安全。因此，本书大量使用比较研究方法，对中美两国相应领域立法进行深入对比。

第一章

美国外资并购安全审查制度变迁

一、美国外资并购安全审查概述

（一）外资并购与国家安全

并购的内涵十分丰富，其本质在于获取有关企业的经营控制权，可指兼并及收购。兼并是指两家或多家独立企业法人合并成一家企业，通常是由一家优势企业吸收一家或多家企业的形式。收购是指一家企业用现金或有价证券购买另一家企业的股票或资产，以获得对该企业全部资产或某项资产的所有权，或对该企业的控制权。外资并购，或称跨国并购，是国内并购的延伸概念。外资即指外国投资者，是从东道国的视角界定母国并购东道国企业并获取其全部或部分经营控制权的产权交易行为的，属外国直接投资的形式。因国内外对并购及外资并购的概念并无明确界定，故此处不做深入探讨。

"国家安全"是一个内涵简单而外延宽广的概念，它的历史并不长，在二战以后才被提及使用。美国《国际社会科学百科全书》将其内涵定义为：一个国家的内部社会制度能够不受外来威胁的能力。可见，"国家安全"是一种国家利益，处于国家利益体系中的基础地位，是其他利益的保障。

学术界对"国家安全"的外延一直存有争议。随着二战后几十年来的世界政治、军事、经济的发展变迁，其外延越发丰富。目前，学界认为国家安全由许多要素构成，如政治、军事、经济、能源、科技、文化等，这些要素上升到足以影响整个国家安全状况均可视为国家安全。[1]

基于"国家安全"的丰富外延，美国外资并购安全审查制度审查的目标利益十分广泛，包括对外国投资者并购本国企业是否威胁国家政治、经济、军事、能源、科技等多方面安全。

基于外资并购与国家安全概念分析可知，美国外资并购安全审查制度是美国对外国投资者购买本国境内企业股份、股票或资产，以获得该企业控制权的过程中，美国政府实施的维护国家安全，限制外资并购的法律规范。

（二）美国外资并购安全审查制度的必要性

美国自建国起便奉行外资开放政策，在国际社会长期推行投资自由化政策，但它也最早建立起外资并购安全审查制度。1977 年起美国的外国直接投资增速首次超过其海外投资增速，外国直接投资规模与其海外投资规模持平。快速增长的外国投资引起了美国关注，甚至给美国带来恐慌。为防止外国投资垄断本国经济、本国领先的技术经验外溢他国，美国着手构建、完善外资并购安全审查制度。

外资并购这一直接投资方式确有安全审查必要。外资并购

---

〔1〕 巴中倓主编：《大国兴起中的国家安全》，北京大学出版社 2005 年版，第 285 页。

与绿地投资相比具有并购企业可迅速占领东道国市场、有效利用被并购方已有市场资源、融资便利等诸多优势，因此外资并购方式现已成为外商直接投资的主要方式。然而外资并购在给东道国带来资本、先进技术和管理经验、增加就业机会的同时，也可能对东道国经济产生负面影响：危及民族产业发展、垄断东道国市场、破坏竞争秩序、冲击政府产业政策，从而影响国民经济健康运行。

外资并购的优劣势给美国经济带来正负面的多重影响。外资并购为美国经济带来了勃勃生机，但同时也意味着美国的许多重要经济、政治及社会利益都依赖国际直接投资的发展。如何在利用跨国投资发展经济的同时，保证外国投资者并购美国企业不会引发国家安全风险成为困扰美国的一个难题。因此，美国在过去50年中致力于外资并购国家安全政策建设。一方面给外资创造开放的环境，另一方面克服外资并购的负面影响以维护国家安全，从这两大立法目的出发，美国外资并购安全审查制度在外资开放政策与外资并购安全间寻找最佳平衡点。

（三）外资并购安全审查制度的理论基础

深入探讨外资并购安全审查制度之前，有必要分析该制度的理论依据、法理基础。该制度的理论基础源于国际公法的基本原则——国家主权原则及公共利益原则。

1. 国家主权原则

在法学领域，国家主权概念无论是内涵还是外延均随着历史环境的发展而不断变化。最初主权多指国之所以为国而自然享有的一种政治上和安全上的独立权、平等权。国家主权作为最高法律权威，不从属于其他世俗权威，使国家全面独立。全面独立是国家在政治、经济、文化等诸多方面独立自主。

国家主权原则体现了"领土内的一切属于领土"这句古老法谚的精神实质，它赋予了一国对自己领土内的任何人、财产及行为拥有管辖权。该原则包括两层基本内涵：首先，在国际社会，主权国家享有国家主权，各国主权平等，主权各国有权独立自主决定本国事务，不受他国干涉；其次，在国内，主权为高于一切的权力，任何其他实体权力或权利皆在国家主权之下。

经济全球化改变了传统意义上的国家主权原则。这种改变首先源于国际条约的签订和国际规则的遵守。条约必须信守，这意味着国家需部分限制或让渡国家的权力，国家自主决定事物的权力在一定程度上受到制约。当然，主权让渡须合法、适度，而且是主权国家为求自身发展而自愿做出。其次，改变还源于经济全球化后，跨国公司迅速崛起成长。跨国公司多拥有庞大的经济规模、雄厚的资本实力、基于全球范围而优化的资源配置、先进的技术与管理经验，它们作为经济全球化的产物也不断推动着经济全球化的深入发展。跨国公司按照本公司的全球化战略调动公司在世界范围内的生产资源，与东道国产生紧密的贸易往来。有学者认为跨国公司的全球性特征及逐利性本质使得它的目标是成为超越任何国家主权的国际主宰，同时让所有国家的主权权力为它们服务，[1] 这必将冲击东道国的主权。

---

[1] ［美］米歇尔·帕伦蒂："全球化是跨国公司对国家主权搞'政变'"，载《环球视野》电子版，管彦忠摘译自西班牙《起义报》，http://www.wyzxwk/Article/guoji/2009/09/75874.html，2015年3月15日访问。

外资并购安全审查制度就是国家主权原则在国际投资领域的体现。基于国家主权原则，东道国拥有属地管辖权，可对外资并购进行国家安全审查，不容他国干涉。联合国、WTO 等国际组织纷纷通过条约允许成员国在投资领域行使国家主权，以维护国家安全。1974 年联合国大会在《各国经济权利和义务宪章》中规定，任何国家均有权依据本国国内法、本国目标及本国有限权的原则，在国家管辖权范围内，对外国投资进行规制。

2. 公共利益原则

公共利益是一个抽象概念，广而言之，是全体社会成员为实现个体利益所必需的社会秩序，其实现形式包括国家制度和国家权力。公共利益是公众共同需求，具有社会共享性以及相对普遍的影响力。

外资并购可能导致国家安全受到威胁，公共利益便不可避免地将受到牵连。首先，跨国外资并购可能危及民族产业，削弱国内企业竞争力。经济全球化对传统民族企业带来冲击力，我国便有不少民族企业被兼并，导致国家产业链及产业生态环境发生较大变化，进而国家产业安全可能受到威胁。跨国公司在并购东道国民族企业后，常伴随着市场垄断并冲击国内品牌的现象，从而导致国内企业竞争力下降，这一现象在发展中国家尤为常见。[1]其次，外资并购可提高就业率，但在某些情况下，也可使失业率上升。当跨国并购目的之一是为获取东道国高端经济及先进经验，便可能产生技术外溢，使并购获得的生产线、技术、原料等转移到投资方母国，进而阻碍东道国生产

---

〔1〕 张举胜："美国外资并购国家安全审查制度研究——兼论中国外资并购国家安全审查制度的构建"，中国政法大学 2011 年博士学位论文。

力发展，影响被并购企业所在地的就业状况。

外资并购可能在危机国家安全的同时，损害公共利益，故东道国有必要构建外资并购安全审查制度。外资并购中，并购双方的企业均从自身角度出发，追求个体利益；并购安全审查则是从全社会的公共利益出发，在并购方个体利益和社会公共利益间衡量，实现外资并购交易所产生的公共利益增益与减损平衡，努力追求公共福利。[1] 当个体利益与公共利益发生冲突时，个体利益多受到限制，公共利益处于优先地位。因此，公共利益原则也是外资并购安全审查制度的理论依据。

二、美国外资并购安全审查制度的产生与发展

（一）外资发展史简述

在美国建国之前，美国殖民地的存在是为了满足英国等欧洲强国投资者攫取利益的需要。独立战争之后，美国建立独立国家，第一届财政部部长亚历山大·汉密尔顿（Alexander Hamilton）就表示出对外国投资的欢迎，美国新政府希望迅速营造友好而值得信赖的国际投资环境。1971 年，汉密尔顿在著名的《制造业报告》中呼吁美国应当对外来投资者敞开大门。他在报告中指出，"有些人可能会以嫉妒的眼光看待进入美国的外国资本，就像他们闯到我们国家夺走本应属于我们公民从我国工业中获得的利润，但是这种嫉妒本身毫无理性可言。我们不应该把这些外国资本视为对手，而应把他们视为颇富价值的帮助，

---

[1]　张举胜："美国外资并购国家安全审查制度研究——兼论中国外资并购国家安全审查制度的构建"，中国政法大学 2011 年博士学位论文。

因为他们为我们带来了技术、劳动力、资本……"〔1〕汉密尔顿对待外资的观点在美国赢得了认可，从18世纪到19世纪，外资为美国经济发展、国家建设做出了卓越贡献。在此期间，美国的公路、桥梁、运河、银行乃至铁路的建设大部分都是通过海外发售政府债券的方式筹资完成的，国际投资大大促进了美国经济的发展。美国历史上第一个取得商业成功的运河——伊利运河就是在伦敦市场发售政府债券募资建立的。〔2〕

到了19世纪中期，外国人拥有了联邦和州政府发行债券总额的一半，拥有市政府发行债券总额的1/3。而1849年的加州淘金热吸引了更多的外资。除了商事领域的投资外，外商还青睐美国的房地产市场。纽约州、缅因州、佛罗里达州、爱荷华州、西弗吉尼亚州等地有大量房产被来自欧洲大陆的投资者购得。

19世纪后期到20世纪早期，随着汽车的发明和石油日益重要的地位，外商又掀起了对美国制造业直接投资的高潮。化学、电子通信、交通运输、机械等重要产业部门均因为外国直接投资取得了长足的进步。这期间的外国投资多采用绿地投资形式，该形式免于国家安全审查。1915年美国政府开展外国直接投资相关数据调查，外国直接投资规模之大、行业分布之广引起了政府的担心与民众的关注，人们担心美国经济对外商投资的依赖是否会导致外国政府对美国经济的控制。这一调查让美国开

---

〔1〕 "Foreign Investment in the United States: Major Federal Statutory Restrictions", *CRS Report*, 2013, p. 5.

〔2〕 Boorstin, "Foreign Investment in America", *Research Reports*, 572 (1974).

始关注外国直接投资对本国经济带来的安全威胁。[1]

　　一战给美国外资市场带来重大改变。美国主要债权国集中于欧洲大陆，这些欧洲国家因为战争需要卖掉它们在美国的大量财产与所占股份。这种情形持续数年后，美国逐渐从债务国变为了债权国，此后美国债权国的地位多年保持不变。所谓的债权国在此定义为出口多于进口的国家；债务国在此定义为进口多于出口的国家。债权国还可以被界定为国家的国内储备多于其国内投资，而债务国可被定义为国家的国内储备少于其国内投资。

　　在二战结束后，由于欧洲国家经济遭到重创，欧洲对美国的直接投资增长十分缓慢。在二战结束后约30年的时间里，美国对外投资的规模与增速远超过美国境内的外国直接投资规模与增速。美国的对外投资给欧洲国家带来恐慌，欧洲国家也曾十分担心本国的经济与国家安全是否会受到美国的控制与影响。

　　直到20世纪70年代，美国这种外国直接投资及其对外投资比例才发生逆转，逆转源于欧佩克国家投资者开始购买美国企业资产，也源于日本通过外资并购掀起美国境内外国直接投资的新高潮，且从20世纪80年代至今，外资并购方式便替代绿地投资方式成为外国直接投资的主要方式。

　　面对从建国至今便一直繁荣的国际投资市场，美国政府始终宣称投资自由化政策，但事实上，美国历史上从不乏对美国境内外国直接投资者的质疑声、批判声。美国1791年建立第一银行，1816年建立第二银行，在这两个银行的机构守则中就明

---

[1] "Foreign Investment in the United States: Major Federal Statutory Restrictions", *CRS Report*, 2013, p. 2.

文规定，不得选举外国人担任董事。在19世纪50年代，无知党就宣称应当对外国资本进行歧视性征税。1887年国会通过的《外国人土地法》（The Alien Land Law of 1887）中，禁止外国人购买联邦所拥有的领土。从20世纪初期起，美国国会便出台了一系列的法律，旨在限制外国直接投资进入美国的若干行业，包括航海领域、航空领域、广播通信领域等。20世纪70年代，美国针对外国直接投资限制的立法开始急剧增多，而相应的经济背景就是前述的欧佩克国家投资者、后来的日本投资者所掀起的美国境内跨国并购的新高潮。自1970年至今，美国国会便反复争论是否基于国家安全需要而进行更多的跨国并购立法限制。

（二）美国早期外资安全立法

此处所指的美国早期外资安全立法是指自1988年出台的《埃克森－弗洛里奥修正案》（Exon－Florio Amendment）之前的外资限制性立法。纵观这些限制性立法无一不是因为国会担心外国投资可能造成国家安全威胁而推动产生的。依照国会这一立法线索，总结美国外资安全立法如下：

外资安全立法最早可追溯至1917年美国国会通过的《与敌贸易法》（Trading with Enemy Act）。一战前，德国像英国、法国等欧洲国家一样，在美国境内进行大量投资。一战期间，美国国内便怀疑德国企业在美国投资可能有经济因素以外的其他企图。1915年，德国外交官不慎将自己的文件夹遗留在纽约的升降电梯里，该文件夹内的资料泄露出德国一些企业在美国境内的投资目的在于提高德国作战能力，甚至有在美国从事间谍活动的任务。这一事件后，美国国会便以保证国家安全为由，积极推动限制国际投资的法案出台。随着 1917 年美国正式加入一战，美国对境内德国企业可能引发的国家安全风险更加担心，美国加入一战的事实加速了《与敌贸易法》的出台。该法第 5 条明确规定法律赋予总统可以对任何涉及国家安全的交易行为进行调查的权力，并有权采取管制、阻止等措施。

继《与敌贸易法》之后，美国通过对某些产业部门进行专门立法的方式，限制外资进入这些产业部门。美国国会在 1920 年通过《海运法》（Merchant Marine Act），有关条款规定外资不得进入海运领域；且在商事航海领域，限制外国航船在美国登记注册：任何一个 5 吨以下的航船，如果未依据国外法律注册，可以在美国注册，如果它的所有人是：①美国公民；②一个组织、信托、合资企业等，组织的所有成员均为美国公民，且能够依据美国法或州法获得航船所有权；③一个合伙，合伙的普通合伙人为美国公民，而且美国公民对于合伙具有控制性利益；④一个公司，公司须依据美国联邦或州法律设立，公司的 CEO 和董事会主席须为美国公民，董事成员中的外国人只能占少数比例；⑤美国联邦政府；⑥州政府。[1]

美国国会在 1920 年通过《矿产土地租赁法》（Mineral Lands Leasing Act）。该法明确指出美国所有有价值的土地矿产均向美国公民及愿意成为美国公民的人开放。限制外资开采美国煤、油、磷酸盐、钠等矿藏，除非这些外资所属的母国允许美国投资矿藏开采。[2]

美国国会在 1926 年通过《商业航空法》（Air Commerce

---

〔1〕　46 U. S. C. §12102.
〔2〕　30 U. S. C. §181.

Act）和《航空公司法》（Air Corps Act）。这些法律阻止外资进入美国航空业，这些法律包含的外国投资限制条款至今依然有效。例如，任何人操作任何飞机均属违法，除非该飞机已经注册。任何飞机如需注册，必须符合下列条件：①未依据外国法注册，并为美国公民所有，或为在美国取得合法永久居住身份公民所有，或为一个外国公司所有，但该外国公司依据美国法建立、经营，且该飞机主要用于美国境内飞行；②属于美国政府或州政府飞机，或哥伦比亚特区飞机，或属于州下属政府部门。法律明确规定所谓的美国公民是指：①美国公民个人；②美国公民个人组成的合伙；③依据美国联邦法或州法等成立的公司，公司主席及 2/3 以上的董事须为美国公民，且公司管理人员须为美国公民，另外公司至少 75% 的投票权（股份）属于美国公民。[1]

美国国会 1934 年通过《通信法》（The Communications Act of 1934），该法将 1927 年通过的《广播法》（The Broadcasting Act）相关条款纳入其中。《广播法》限制外国人在美国投资或从事广播领域。在《通信法》中，该限制得到保留并沿用至今。美国联邦法律禁止外国投资或经营美国的大众传媒。无线电台许可执照不能颁发给外国政府或外国政府的代表。虽然美国联邦法律在通信领域设置了诸多外国投资限制，但并没有条款明确限制外国公民投资美国报纸与杂志领域，只是对这类投资进行更多的安全审查。[2]

美国国会 1940 年通过《投资公司法》（The Investment Com-

---

〔1〕　49 U. S. C. S44101.
〔2〕　22 U. S. C. §611.

pany Act）。该法要求在美国从事商务的投资公司必须在证券交易委员会（Security and Exchange Commission，SEC）登记。只有依据美国法设立的投资公司才能够进行注册，或获得州政府允许从事州际商事贸易并售卖证券。[1]

美国政府对产业部门专门立法，限制外国投资进入并不仅仅局限于上述领域，还涉及能源、土地、银行金融等多个领域。上述限制美国境内外国投资的立法都产生于一战之后、1970 年以前。这些法律迄今为止均依然有效。它们与 1988 年出台的《埃克森－弗洛里奥修正案》、2007 年出台的《外国投资与国家安全法》一起构成了美国联邦限制外国投资的主要法律渊源。

（三）美国外国投资委员会的产生与发展

推演美国外资并购安全审查制度可以研究外国投资委员会的产生与发展为线索进行。美国外国投资委员会（The Committee on Foreign Investment in the United States，CFIUS）是目前美国外资并购安全审查制度的核心机构，直接受命于美国总统。该机构已经成为实施《埃克森－弗洛里奥修正案》及《外国投资与国家安全法》不可或缺的重要角色。但 CFIUS 的建立事实上早于《埃克森－弗洛里奥修正案》，它诞生于 1975 年。

1. CFIUS 初创阶段（1975～1988 年）

20 世纪 70 年代，美国石油价格曾暴涨，欧佩克组织因此赚取了大量美金。同时，美国经济走入滞涨期，美元贬值。美元的贬值对外商赴美投资产生了吸引力。欧佩克国家的投资者希望通过购买美国企业的方式进入美国市场，进而赢取商业机遇

---

[1] 15 U. S. C. § 80.

和利润，这引起了美国政府的警惕。20世纪70年代，美国境内外国直接投资的主要来源仍然是二战后经济复苏的欧洲国家，欧佩克国家的投资占极少数比例。尽管如此，新闻媒体对大众的引导在此时发挥出了极大作用。媒体追踪式报道，使得美国民众十分关注欧佩克国家在美国直接投资的增加。加之1975年欧佩克宣布对美实施石油禁运，时任美国总统福特立即颁布11858号行政命令，主旨为成立美国外国投资委员会。

CFIUS是一个由美国财政部领衔的跨部门机构。CFIUS成立的初衷是监督、评估外国投资给美国带来的影响并协调外资政策的实施。CFIUS职责具体包括：分析美国境内外国投资趋势及发展；审查可能对美国国家利益产生重大影响的外国投资；为外国政府在美国投资磋商提供指南；依据需要拟定新的外国投资法案。依据11858号行政命令，美国商务部在搜集、使用外国投资信息方面享有十分广泛的权力，而其他部门也应当协助商务部获得这些信息。

事实上，成立初期的CFIUS只是一只沉睡的狮子，它并没有过多行使被赋予的职权。这不仅是因为监督与评估职能本身界定不清，还因为CFIUS在设立之初仅仅是一个信息搜集、分析、评估和建议部门，它没有任何强制执行的权力。故CFIUS在成立之初职权十分有限，在外资安全审查方面作用也十分有限。

2. 确立阶段（1988～1993年）

20世纪80年代，外国对美直接投资进入高潮。随着日本经济的快速发展和1985年《广场协议》（Plaza Accord）的签订，日元大幅升值，越来越多的日本公司前往美国市场寻找投资机会。这直接导致外商直接投资（Foreign Direct Investment，FDI）在美国经济净财富比例激增：从以前的 1.2% 上升至当年的 2.7%。这种比例的迅速增长无疑激起了保守主义者（Populist Protectionist）的不满。1989 年美国相关组织的民意调查显示：70% 的美国人认为 FDI 会对美国造成不良影响。正是因为不满情绪的蔓延，美国国内对于 FDI 加强管制的呼声日益高涨。

但执政的里根政府并不认同这个观点。里根政府认为 FDI 给美国的生产制造业、雇佣劳动力、国际产品竞争力、产品创新等诸多方面带来优势。同时，FDI 的增加也有利于美国在外交上战胜和孤立对其怀有敌意的国家，而开放的 FDI 投资环境也从深层次上加强了美国国土安全。虽然《国家紧急经济权利法案》（International Emergency Economic Powers Act）中明确规定，总统可以宣布"国家进入紧急状态"（International Emergency）并以此为基础阻止外资并购交易的进行。由于正处于冷战时期，如果总统向 FDI 投资最多的日本发出这项宣布，并不利于美国在外交上与自己友国关系的修缮。因此，里根总统不愿意赋予国会过多的参与 FDI 管制的权力。

为应对日本企业并购可能给国家安全带来的风险，为防止总统不愿或难以对某些合并案叫停时，国会有更有效的机制对 FDI 在美合并予以监管，在国内保守主义势力的支持下，美国国会于 1988 年通过了《埃克森－弗洛里奥修正案》，它同时成了《国防生产法》（Defense Production Act of 1950）的修正部分。

作为国会中保守主义者对 FDI 加强管制的一个重大胜利，埃克森－弗洛里奥条款作为 1988 年《综合贸易和竞争力法》（Omnibus Trade and Competition Act）第 5021 节通过。该法案授权美国总统基于国家安全考虑限制或暂停外资并购交易：①有"可信证据"表明对美国企业进行控制的外国投资者，可能会采取行动威胁美国国家安全；②除美国《国家紧急经济权利法案》（International Emergency Economic Powers Act）之外，其他法律的规定不能提供足够和适当的权力来保护国家安全。对于符合上述条件的并购，总统可以制止并购或者在并购交易完成的情况下要求外方撤销投资。

《埃克森－弗洛里奥修正案》首次确立了 FDI 审查体制的基础。它虽然并未直接涉及 CFIUS 的新职能，但里根总统把这项法律赋予的新权力授予 CFIUS 执行。CFIUS 从此便不再只是进行信息搜集的机构，它同时拥有了 FDI 管制权。

3. 强化阶段（1993～2007 年）

《埃克森－弗洛里奥修正案》出台后，CFIUS 实际展开调查的案例不多，但 1992 年 Thomson－CSF 并购 LTV 案的发生，却推动了新一轮的美国国家安全审查制度的改革。1993 年，由国会参议员伯德（Byrd）提出并推动的《伯德修正案》（Byrd Amendment）出台。

基于《埃克森－弗洛里奥修正案》仅针对 FDI 并购作出了国家安全审查这一原则性规定，该修正案进一步规定了外国政府控制的或代表外国政府进行的并购活动，导致从事州际贸易的美国人被控制，这一控制又涉及美国国家安全的，应该进行调查。这一修正案在《国防授权法》（The National Defençe Authrization Act）中对《国防生产法》（The Defençe Production Act）第 721 节进行了进一步的修订。这一修正案重点监管由外国政府控制的并购案件，将外国政府控制的并购案与外国私企并购案进行了监管程度上的区分。修正案中虽然规定凡涉及外国政府控制的并购交易均可受到审查与监管，但是实际上仍赋予了CFIUS自由裁量权。因为 CFIUS 可自由裁量这个并购交易是否涉及国家安全。1993 年后，CFIUS 在实践中并没有叫停很大比例的 FDI 并购案，原因在于委员会认为国家安全威胁因素并未在这些 FDI 并购交易中被广泛涉及。

"9·11"事件后，美国对国家安全的认定呈扩大化趋势，对来自"国有公司"的收购和对美国"重要基础设施"（如农业及食品、水、公共卫生、突发事件服务产业、国防、电信、能源等部门）的收购也被要求接受程序更严、时间更长的"国家安全"审查，港口、电信等基础设施领域以及石油产业更是成为外资并购的敏感行业。布什总统更是在 2003 年将国家安全局（NSA）加入到 CFIUS 的委员会中。而 CFIUS 在《伯德修正案》中所确立的以外国政府控制的并购活动为主的监管重心也发生了改变，改变成监管所有类型的外资并购。

4. 完善阶段（2007 年至今）

在 CFIUS 因"9·11"事件对 FDI 审查日趋严格的背景下，2005 年 7 月的中国海洋石油有限公司（国有公司）（CNOOC，简称中海油）收购美国优尼科公司（UNOCAL）案，以及 2006年 2 月的迪拜港口国际公司（国有公司）收购英国航运公司的 6个美国港口运营权（重要基础设施）案，使得美国的国家主义和保守主义再次对 FDI 在美并购充满担忧。以此两案为契机，参议院提议将中央情报局（CIA）局长增加为 CFIUS 的成员，并最终推动了美国《外国投资与国家安全法案》(FINSA)（2007年）的出台。

FINSA 及财政部 2008 年发布的《关于外国人合并、收购和接管条例的最终规定》（Regulation Pertaining to Megers Acquistions and Takeover by Foreign Person）在许多方面对原有的法律监管机制作出了修改，将国家安全概念扩展至国土安全。其主要内容包括：将进行并购审查中因标准模糊而备受争议的"国家安全"因素范围予以扩大，从 1988 年规定的 7 个扩大为 11 个；明确了总统可以禁止或阻止任何一起由外国人参与的可能威胁国家安全的并购案；通过增加议会检察和报告的要求来增加议会对 CFIUS 审查的影响力度。

经过三十多年的变革和发展，CFIUS 的外资并购审查制度日益完备和严格。一是 CFIUS 的职能得到全面加强，即使是并购已经完成的项目，也面临着再次审查甚至被撤销并购的可能；二是审查中的判断因素更多、更严格；三是国会的干预能力进一步提高；四是加强了对外国政府投资的监管。

三、美国外资并购安全审查的法律框架

1988 年美国国会通过《埃克森 - 弗洛里奥修正案》，将其作为《国防生产法》第 721 节颁布，这是美国第一部针对外资并购安全审查的专门性立法，该立法授权美国总统有权终止对国家安全存在威胁的外资并购。1991 年，为配合《埃克森 - 弗洛里奥修正案》实施，CFIUS 的财政部出台《关于外国人合并、收购和接管条例》。该条例作为 1988 年修正案的细则，对修正案中有关条款进行解释，增强了修正案的可操作性。1992 年，为增强 CFIUS 对外资并购安全审查的效力，美国国会通过了《伯德修正案》，将其作为《国防授权法》第 837 节予以颁布。

该修正案要求对外国政府背景的外资并购应进行为期 45 天的正式审查，除非 CFIUS 确实认为该并购交易不影响美国国家安全。该修正案强化了国会监督力度，要求总统每 4 年向国会提交外资并购安全审查报告。随着"9·11"事件的发生，美国外资并购安全审查愈发严格。2007 年，美国国会通过《外国投资与国家安全法案》，再次作为《国防生产法》第 721 节修正案予以颁布。该法案扩大了国家安全审查的范围，拓展了国家安全的外延，新增了 6 个威胁国家安全的因素。2008 年，为促进该法案实施，美国财务部颁布《关于外国人合并、收购和接管条例的最终规定》。依据现行美国外资并购安全审查制度，简要总结安全审查制度核心框架如下：

1. 审查机构

FINSA 授权美国总统可以中止或禁止任何被认定为威胁美国家安全的外国合并、收购或接管美国公司的行为。根据该法案，由 CFIUS 对可能威胁美国国家安全的外国投资项目进行审查。委员会由财政部、国务院、国防部、商务部、总检察官办公室、科技政策办公室、国土安全部、能源和劳工部等部门组成，由财政部部长任主席。同时，CFIUS 还要定期向国会汇报审查情况。这样，就构成了总统、CFIUS、国会三方监管外资并购的权力结构。

2. 审查程序

根据 FINSA 的规定，CFIUS 审查采取企业主动申请审查或委员会发起调查的方式进行。委员会应在调查发起后 30 天之内作出决定。如果不能作出决定而需要进一步调查的，可延长 45 天额外审查时间。法案新规定如果采用了 45 天延长期，委员会就必须给予该项调查一个明确结论，且采用法律规定手段处理审查案件。CFIUS 可以在结论中允许合并案继续进行，或者建议合并当事人自愿放弃并购计划。在委员会发现这个合并案存在问题时，委员会可以向总统汇报，由总统作出是否阻止或修改合并案的决定，总统有 15 天作出决定。

由此可知，CFIUS 的审查可划分为四个阶段：由并购案当事人自己发起的非正式审查阶段（即"申报、通报前磋商"阶段）、正式审查阶段、调查阶段和总统审查决定阶段。在第一阶段，当事人发起与 CFIUS 磋商后，财政部长指定一个部门首长作为领导部门对案件的协议谈判、调整、执行等负责。该领导部门可以通过当事人提供的信息对并购方案作出阶段性决定、提出建议或决定是否需要进入第二阶段。在磋商中，一旦审查正式启动，第二阶段即成为必经程序，而第三、四阶段则是为更具问题性的交易所设计。

3. 审查范围

理解审查程序前，首先要明晰的问题是受管辖的并购交易范围。虽然 FINSA 并没有提供详细的审查范围说明，但财政部在 2008 年颁布的条例中有明确的澄清。通过对条例分析可以总结出：判断是否属于管辖范围的核心是"控制力"（Control），即在并购交易中外国人是否会取得对美国企业管理上的影响决定力（Managerial Influence）。换言之，不会对目标公司进行日常管理的外资并购并不在审查范围之中。因此在实践中，一些并购是完全不需要进行审查申请的。例如，不改变控制权的股东分割或比例分配股息、外国公司仅因投资目的购得目标公司少于 10% 的股份等。

与受控范围紧密相关的一个问题就是如何界定外国人和美国企业。界定是否为美国企业取决于该企业在美国进行商务活动的程度：企业自身或其控股企业是否参与了美国州际商事活动。例如，外国公司控股的美国子公司被卖于另一个外国公司，这个美国子公司属于美国企业，而收购公司即为外国人，它们之间的并购属于审查范畴。

4. "国家安全"的内涵

在整个审查制度中十分重要却又备受争议的弹性概念即为"国家安全"或"国家安全担忧"。究竟什么是"国家安全"呢？没有准确的定义和界定。但需要明确的是这些考虑因素除了关乎国家安全本身外，还包括了关键基础设施关键技术的保护。美国国土安全局对保护关键基础设施时应当考虑的因素作出了明晰界定：农业、食品、水、公共健康、应急服务、国家安全产业、电信、能源、运输、银行与金融、化学、邮政服务、海运和信息技术。当局认为这 12 部分就构成了国民经济的框架。

当然并不是任何一个涉及"国家安全"考虑因素的案件都会被 CFIUS 叫停。在 CFIUS 接到当事人主动提出的非正式审查后，它会明确这项并购案是否会威胁国家安全。如果威胁国家安全，当事人可以通过修改并购协议使 CFIUS 确定这个交易不会威胁到国家安全等。在修改协议的同时，CFIUS 需要进行一个风险评估来评价交易造成的国家安全威胁。

第二章

《埃克森－弗洛里奥修正案》

一、立法背景

（一）国际经济形势

在建国之初就秉承外资开放政策的美国，直到 20 世纪 70 年代前，无论是政府、国会还是民众，多认为美国境内的外资并购给本国经济带来了可利用的资本、先进的生产技术、充沛的劳动力等多重资源，推动了美国经济自身的发展，成为投资自由化的受益者。但随着 20 世纪 70 年代到来，美国进入经济滞涨期，与此同时，欧洲等国逐渐从二战的创伤中恢复，赢来了经济的复苏。美国经济滞涨导致了美元贬值，美元贬值使经济复苏国家的投资者看到了赴美投资的商机。事实上，美国一直以来对外国投资者都有着十足的吸引力，因为美国有着辽阔的国土、富饶的资源、完善的国家基础设施、不断创新的科技、相对稳定的政治环境与高水平的法治化进程、更因为其一直倡导的外资开放政策。

随着欧洲传统强国对美国恢复性投资的增多、OPEC 这一时期石油美元的增多、日本经济的崛起以及经济全球化的不断增强，20 世纪 70 年代末美国境内的外国直接投资增速超过其海外投资增速。美国境内外国直接投资的快速增长逐渐引起了美国对外国投资安全的关注。

尤其是进入 20 世纪 80 年代，日本经济飞速发展，其国民经济增速已超过美国。日本突出的经济表现威胁到了美国头号经济强国的地位（至少有些美国人是这样认为的）。同样是在 20 世纪 80 年代，日本由于自身经济的飞速发展，许多企业选择投资美国，赚取更多利润。这一时期，日本在美国境内展开的多起企业并购，触动了美国人已经敏感起来的神经。仅 20 世纪 80 年代末到 90 年代初短短数年间，日本企业就并购了美国近 200 家高新技术公司。美国民众被唤醒的强烈的经济民族意识使得外国投资，尤其是日本赴美投资，俨然成为一个人人关注的政治问题。从 20 世纪 80 年代到 90 年代，美国涌现出众多关乎外国投资带来国家安全风险的报道和书籍。其中颇具代表性的是《出卖我们的安全》一书。该书由乔治·梅森大学教授苏珊·托尔钦等合著，该书详细阐述了允许外商在美并购技术企业的种种危险，尤其是可能削弱美国科技潜能。她还指出，互相依存意味着依赖。美国一旦丧失经济独立，继而就会在制定对外政策时丧失独立性。这本书之所以能成为年度畅销书，正是因为它反映出美国民众对跨国并购可能影响国家安全、经济独立、高新科技领域的重重担心。正是基于民众的普遍关注和国内呼声，美国国会和政府决策者开始思考如何对跨国并购者加强准入监管的问题。

（二）仙童案与固特异案

在美国国内对跨国并购的一片恐慌中，两例并购案件的发生被公认为是引发国会通过《埃克森－弗洛里奥修正案》的导火索，其中之一便是 1986 年日本富士通公司收购美国仙童公司。日本富士通公司（Fujitsu of Japan）希望并购美国仙童半导体公司（Fairchild Semiconductor Corp.）80% 的股份。这场并购交易存在的最大问题是日本可能因此获得仙童公司掌握的领先技术。在这一科技领域，本来是美国占据主导地位，一旦日本通过这场交易获得领先技术后，可能反超美国。

1986 年 10 月 24 日，富士通公司与仙童公司共同宣布了这起即将开始的并购，顿时引来美国国内议论纷纷，议论集中在并购成功后对美国国家安全产生的潜在负面影响。在富士通发起此次并购时，已经握有了美国高科技公司——Amdahl 计算机公司的一半股份，因此反对者们认为富士通公司通过对仙童公司的并购会成为世界领先的半导体制造者，导致美国在该领域的科技竞争力被削弱。

1986 年 11 月 8 日，CFIUS 任务组（CFIUS Task Force）宣布对该项并购协议进行安全审查，CFIUS 审查考虑的核心因素是贸易发展与国家安全的平衡关系。随着 CFIUS 调查的深入，美国相关政府机构纷纷发声，总体认为：美国一向秉持的对外资开放政策并未赢得其他国家的互惠。其中，美国商务部在对该案的调查中指出，富士通如果掌有对仙童的所有权将增强日本在超级计算机领域与美国的竞争力，会使美国制造商难以占有日本相关市场的大部分份额。

虽然批判声不绝于耳，但支持的声音依然存在。例如，美国财政部副部长认为：美国一直秉承外资开放政策，不应忽略外资对美国经济发展起到的推动作用。事实上，仙童公司的大股东本就为法国公司 Schlumberger，既然法国公司作为股东时没有出现危及国家安全的情况，换成另一个外国的公司又何以产生如此恐慌?[1]

面对大众和政府的消极评论，富士通迫于压力最终决定终止并购谈判。虽然富士通并购失败在一定程度上安抚了美国国内抵制日资的情绪，但外资并购的国家安全风险问题已经上升为当时美国急待解决的国内政治问题之一。

这段时期出现的另一极富影响力的并购案是固特异案。英国戈德史密斯爵士预备并购固特异轮胎橡胶公司（Goodyear Tire & Rubber Company）。固特异公司在业内极负盛名，其总部在俄亥俄州亚克朗市。在 20 世纪 80 年代初期，整个中西部经历了严重的经济衰退，到 20 世纪 80 年代中期，亚克朗市乃至整个美国的中西部均在寻求经济复兴。底特律因为汽车制造业的不景气而遭受经济重创，与底特律境况相同的还有亚克朗、匹兹堡等五大湖地区的重要城市。在这样的经济背景下，这些城市的许多公司都采用多样化经营方式以期度过危机，固特异公司就是其中一例。到 20 世纪 80 年代中期，为了筹集资金，实现公司优化重组，固特异公司决定卖掉其非轮胎类产业，集中全部力量用于橡胶产业发展。因此便有了戈登史密斯发起对固特异的并购。这一外资并购极大地刺激了亚克朗市市民、俄亥俄州居民，乃至整个美国，因为固特异公司作为一家生产轮胎橡胶的公司与美国国防部之间签署过大量的采购合同。

面对美国民众的不满情绪，美国国会众议院反垄断委员会

---

[1]　徐维余："外资并购安全审查法律比较研究"，华东政法大学 2010 年博士学位论文。

举办了数次公开听证会，对于戈德史密斯并购发起反垄断审查。这些听证会向公众提供了了解外资开放政策利弊之争的渠道，也使美国民众对跨国并购给予了更高的关注，引起了更多的恐慌。

迫于压力，戈登史密斯爵士撤销了他的并购竞标，并将其已经购得的该公司股份出售，获取了丰厚的利润。撤销并购的行为并未能真正平复民众的担心，反而促使国会将出台限制外国在美国境内直接投资的政策放在了立法日程表的最前沿。

富士通案与固特异案被公认为是颇具影响力的跨国并购案例。首先，这引起了美国历史上首次对外资并购进行的激烈争议。其次，在两案之前，外界多认为美国实行自由投资政策，对外资友好开放。两案之后，使英法等国际投资大国开始关注美国外资政策改变。最后，这两起极富影响的案例被美国许多学者认为是促使国会采取行动控制外资并购安全风险的直接诱因。然而，国会要想制定科学合理的外资并购安全审查制度将面临颇多挑战。正如一位学者所言，国会面对的是一个复杂的经济谜题，因为立法者们希望能继续获得外资利益的同时，将外资带来的安全风险降到最小。如果他们不能解决这一谜题，美国对丧失政治主权与经济主权的担心则真有可能变成现实。[1] 为尝试解决这一谜题，国会通过了《埃克森－弗洛里奥修正案》。

（三）立法史

1. 立法背景

《埃克森－弗洛里奥修正案》是经济因素与政治因素混合的

〔1〕 Joseph E. Reece, Buyer Beware, "The United States No Longer Wants Foreign Capital to Fund Corporate Acquisitions", *Denv. J. Int'l & Pol'y*, 18（1989～1990）, pp. 201～292.

产物，其产生的背景是 20 世纪 80 年代大量外国资本涌入美国，以及美国从债权国到债务国的身份转变。虽然促进修正案出台的因素众多，但法案产生的直接诱因仍是富士通及固特异两起并购交易。在富士通公司宣布收购仙童后，参议员埃克森约见了里根总统，要求总统出面阻止该收购，并表示这场收购可能危及国家安全。里根总统拒绝了这一要求，他认为在没有出现紧急的国家安全威胁时，总统无权阻止公司并购行为。

面对里根总统对富士通案的态度，参议员埃克森与众议员弗洛里奥同时提交议案，要求通过立法方式明确赋予总统在并购可能威胁美国安全时，阻止外国公司并购美国公司的权力。《埃克森－弗洛里奥修正案》的原稿在 1987 年 6 月 4 日提交给参议院的商事科学与交通委员会。弗洛里奥在阐述议案必要性时说道："当富士通，一家日本半导体公司，试图收购美国仙童公司时，总统居然发现自己没有明确被授予阻止并购案的权力。基于此，应当通过立法授予总统保护国家安全的重要权力。"与此议案相似的是，参议员埃克森在他的法案中也表示："这部立法的目的在于鼓励行政部门在遇到固特异案、仙童案时能够积极地维护国家利益，透过这些并购案可以看出美国现行的投资政策存有漏洞，在关乎国家安全的政策内容上应当被修改提升。在当前美元贬值，美国股价跌价的情形下，美国公司就更容易成为外资并购者的对象。"

2. 不同声音

这两项法案最初遭到美国众多行政部门的反对，反对的主要理由是法案与美国长期提倡的外资开放政策不符，且外资开放政策已越来越为更多国家所接受。例如，商务部部长在参议院的法案听证会上就指出："我们反对埃克森提案，因为这一法案将让美国与自己长期奉行且在国际社会所倡导的外资开放政策背道而驰。"

有些行政部门认为现存法律已经赋予行政机关足够的权力保护外资并购中的交易安全。财政部国际事务部副部长在 1987 年的众议院法案听证会上指出：在以前的一些案例中，CFIUS 就曾审查过并购案件，美国政府完全有能力阻止或规制这些并购。例如，1983 年 CFIUS 发起了对日本公司并购一家美国特殊钢材公司的案件调查。在调查期间，国防部参与对技术的机密程度认定，而此后日本公司迫于压力主动撤销了并购提议。再如 1985 年，一家日本公司欲并购美国滚珠制造公司。该美国公司可以制造出高精密度的滚珠，这类滚珠可广泛运用于军工制造行业。CFIUS 对其展开安全审查，国防部提出如果并购发生后，日本公司可能将美国公司生产线迁往日本，使得美国国内该类产品供应不足。为了并购顺利进行，日本公司承诺并购后原美国公司可用于军工的滚珠类生产设备均不迁往日本，全部留在美国境内。日本公司的承诺打消了国防部的顾虑，最终并购获得成功。

一些行政部门在两个议案的听证会上还指出美国的其他法律足以保证外资并购不会对国家安全造成威胁。例如，美国司法部可以通过反垄断法叫停外资并购行为。再如，当收购目标公司有涉及政府合同的经营业务时，美国国防部可以通过国防工业项目（Defense Industrial Program）要求并购公司在并购时进行业务重组。除此之外，商务部可以通过出口管制来控制敏感技术输出国外，防止外资并购带来的高新技术流失的局面。至于一些特定经济领域，如能源、航空、海运、广播等均已经有了专门条例对外资并购予以规制。因此，没有必要再进行专门立法赋予总统阻止外资并购的权力。

行政部门在听证会上发表的反对议案看法从 CFIUS 实践层面及现有法律体系已具备相应职能两个方面清晰地阐明了美国行政部门反对埃克森议案、弗洛里奥议案的原因。

3. 法案出炉

为了获得国会通过及总统签署，两项议案在原有基础上进行了重大调整，最终被合二为一。考察这部法案立法史发现，立法难点集中在：管辖范围、审查标准、最终决定权这三大层面。

在立法过程中，关于法案的管辖范围的修改尤为频繁。在弗洛里奥提出的众议院议案中具体列明了受管辖的交易类型：如外国公司的合并、收购、合伙企业、批准许可、接管等行为。参议院议案与众议院的管辖范围基本相似，只是略微狭窄，范围限定于外国公司的合并、收购和接管，不含合伙企业或批准许可。参议院、众议院举行联合会议协商后决定管辖范围为：将外国人界定为美国公民与美国法律管辖下的国民外任何个人，包括外国人直接或间接控制的，在美国之外其他国家拥有主要营业地的组织。因此，外资通过并购美国一个企业后，再由该企业并购其他美国企业的也属于法案管辖的范围。[1]

国会两院联合会议上还协商更改了议案的审查标准。在弗洛里奥提出的众议院议案中，安全审查标准被界定为"国家安

[1] H. R. Rep. No. 576, 100th Cong., 2d Sess. 926.

全，基本商业及经济福利"，埃克森的参议院议案将审查标准定为"国家安全，与国家安全相关的基本商业"。基本商业、经济福利这样的概念充满弹性，行政部门认为这样宽泛的审查标准可能导致经济问题政治化，从而打击投资者的信心。为求得共识，最终版本的法案将审查标准限定于"国家安全"，对"国家安全"的内涵及外延在立法技术上采用模糊处理。国会只是声明"国家安全"概念应作宽泛解释，不应局限于某些特定产业领域，如"国家安全"并不限于"国防"事项。美国立法对"国防"的解释本就包括广泛的商事与服务类型，如技术创新及以经济稳定为目的的各种工作，审查标准的设立显示出国会希望通过该法案赋予总统更为广泛的权力，但又不希望违背美国奉行的外资开放国际承诺。

国会两院联合会议上还协商修改了议案对最终决定权的规范。参议院议案规定在 CFIUS 完成并购安全审查并提出阻止交易行动建议后，总统应当采取行动。最终版本的法案规定：在 CFIUS 形成调查结果及建议后，总统有自由裁量权决定是否依照建议、是否采取阻止交易的行动，这一修改也为总统签署该法案铺平了道路。

为征得更多行政部门的认可，最终版本的法案在具体安全审查机制上也作了大量修改，例如，议案设置的立法否决权条款在送往国会两院投票时被删除。议案中被删掉的条款还包括：众议院议案中规定由商务部部长任 CFIUS 调查负责人；CFIUS 调查可直接由任何一位行政机构长官（众议院版）或某些特定政府官员（参议院版）在认为收购交易可能对国家安全产生威胁的时候直接发起等条款。另外，最终版本的法案提高了总统行使交易否决权的门槛，要求总统需有"可靠的证据"（Credible Evidence）使其相信外国利益方控制美国人将对美国国家安全造成威胁时方可行使交易否决权。通过国会的不懈努力，该法案最终获得通过，作为《综合贸易与竞争力法案》的一部分予以颁布。

二、实体制度

针对外资并购美国公司给美国带来的种种担忧，1988年里根政府签署《综合贸易与竞争力法》（Omnibus Foreign Trade and Competitiveness Act of 1988）。《埃克森－弗洛里奥修正案》作为该法案的第5021部分获得通过，并彻底改变了CFIUS。修正案赋予了总统可以对未发生的或已经发生的外国并购展开国家安全调查的权力，并在必要情况下阻止交易发生，有权剥离并购方通过已完成的交易所获得的财产。立法规定总统行使阻止权的前提是美国其他法律均不能充分地或恰当地保护国家安全，而且已经有可信的证据证明国家安全将受到外资损害。国会希望通过这条法案能够强化总统对于外资政策管理的权力，以尊重投资交易的商事本质，免受政治因素干扰，因此修正案并未赋予国会干预并购投资的权力。总之，美国政府希望凭借此修正案的出台来平衡美国国内对跨国并购威胁国家安全的担忧与外资开放政策之间的关系。

为了更好地实施《埃克森－弗洛里奥修正案》，里根总统于1988年12月通过第12661号行政命令将修正案赋予总统的审查权委托给了CFIUS，并在命令中细化并购安全审查程序及CFIUS的成员组成。受授权范围限制，CFIUS并不具备独立审查和决定外资并购交易的能力，CFIUS 对并购案的安全审查均在总统的授权下进行，审查结果和决定体现着总统的态度与政策。

依据 12661 号行政命令，财政部部长任 CFIUS 的主席，由财政部牵头组织其他 CFIUS 成员共同制定修正案的实施条例。1991 年财政部颁布了《关于外国人合并、并购和接管条例》（简称《1991 条例》）。该条例作为修正案的细则，内容详细，全条例共 40 条，包括了管辖范围、申报程序、审查程序、总统采取措施等内容。实施条例详细的内容规定给美国外资并购安全审查带来了可操作性。

（一）审查机关

成立于 1975 年 5 月的 CFIUS 基于福特总统颁布的 11858 号行政命令建立，是直接受命于总统的跨行政部门的联邦特设机构。行政命令 11858 号授予委员会的职责是为行政机构监测外国在美境内投资所产生的影响，投资包括直接投资与证券投资，还负责协调美国外资政策执行。具体而言，CFIUS 的职责为：①对美国境内外商投资的重要发展及趋势进行分析；②组织提供关于美国境内重大外国投资影响的深层次咨询与指导；③对外国投资进行审查，判断其是否可能对美国国家利益产生威胁；④考虑新颁布的外资立法或法规可行性。[1]

在福特总统的行政命令中明确规定，CFIUS 提交给总统的信息应保密，不需公开，且 CFIUS 提供的信息只能适用于该行政命令所规定的目的与功能。CFIUS 的成员几经变更，最初成员包括国务卿、财政部部长、商务部部长、总统经济事务助理、

---

[1] Executive Order 11858, May 7, 1975, 40 F. R. 20263.

国际经济政策委员会执行主任等。在 1975 年福特总统的命令中，商务部部长（the Secretary of Commerce）被明确要求履行以下职能：①获取、整合及分析在美境内的外国投资信息；②搜集、编纂及发布此类信息的程序；③密切观察在美境内外国投资动向；④准备关于此类投资的显著发展及趋势报告与分析；⑤编辑数据并准备重要外国投资交易评估；⑥向 CFIUS 提交相关报告、分析、数据及关于如何持续更新外国投资信息的建议。[1]在 CFIUS 于 1975 年最初设立的时候，曾经有人质疑联邦行政机构是否有法律权限搜集此类国际投资信息。面对质疑，国会及福特总统签署通过了《国际投资调查法案》（the International Investment Survey Act of 1976），该法案明确授权总统有权授权特定机构搜集国际投资信息，另外法案还规定：关于涉及外国直接或间接控制美国境内公司的直接或间接投资信息之搜集、使用、分析可向国会、行政机构及大众提供。[2]

　　20 世纪 80 年代，美国国会的一些成员发现 CFIUS 并未能向设立时预想的那样完成行政命令所授予的任务。从 1975 年到 1980 年期间，委员会仅会面 10 次。委员会自身也并不十分明确自己对于外国直接赴美投资的监测应该侧重于政治方面还是经济方面。如 1979 年国会的一次听证会中就有人提出："委员会在过去 4 年间已经变为一个仅对外国赴美投资政治影响作出分析的机构。事实上，我们最想明白的问题是：外资来到美国对我们的经济是否有好处？"

---

〔1〕 "Foreign Investment in the United States: Major Federal Statutory Restrictions", *CRS Report*, 2013, p. 2.

〔2〕 P. L. 94－472, Oct 11, 1976; 22 U. S. C. §3101.

随着 1980 年 12188 号总统行政命令出台，CFIUS 的成员产生变化。在原有成员基础上增加了美国贸易代表、经济顾问委员会主席，删掉了总统经济事务助理及国际经济政策委员会。再随着 12661 号总统行政命令的出台，CFIUS 的成员结构又发生了变化，将原定的各部门代表级别从助理部长以上提升为该机构正职负责人，同时增列总检察长、管理与预算办公室为成员。机构主席仍为国家财务部部长。1988 年出台的《埃克森－弗洛里奥修正案》并未对于 CFIUS 的成员结构作出调整。

作为一个跨行政部门的高级别特设机构，CFIUS 的部门成员代表着不同的机构利益取向。财务部欢迎外国投资，因为希望免费利用投资资本为美国创造财富。国防部在一定程度上对于外资赴美有所忧虑，因为担心外国投资对于国防安全造成威胁。商务部对于外资的态度较为复杂，一方面它不希望过多外资流入美国，以免给美国公司造成过大的竞争压力；但一方面又担心如果切断外资来源，会对国民经济产生不良影响。任命财务部部长而非商务部部长为主席既反映出总统对于 CFIUS 工作的定位与取向，也反映出国会希望通过修正案监测而非控制外资并购的初衷。国会通过的《埃克森－弗洛里奥修正案》仍规定财务部部长任 CFIUS 主席，曾被美国学界广泛认为是该法难以彻底有效执行的原因。

（二）《埃克森－弗洛里奥修正案》审查范围

依据修正案，CFIUS 在对外资影响的调查聚焦于拟议的或待决的外国人合并（Merger）、收购（Acquisition）或接管（Takeover）美国人的行为是否影响国家安全。因此，在调查过程中 CFIUS 须回答四个问题：①交易中是否存在一个外国人；

②并购目标是否为一个参与州际商事交易的美国人；③交易是否会产生外国人控制美国人的结果；④交易对于美国的国家安全将产生何种影响。对前两个问题的回答是较为直观的，但因为"控制"在修正案及《1991 条例》中均给予较模糊定义，故对第三个问题的回答需要 CFIUS 的自由裁量。最后一个问题，关于交易是否具有国家安全性影响，最为复杂，也最需要 CFIUS 的审慎裁量。要确定收购案件是否属于 CFIUS 的审查范围，就需要回答前三个问题，而"外国人"、"美国人"、"控制"这三个核心概念对于审查范围的确定至关重要，是确定修正案管辖的基础。第四个问题中的"国家安全"则是 CFIUS 的核心审查标准，然而无论是修正案还是《1991 条例》均未对上述关键词作出明确解释。

《埃克森 - 弗洛里奥修正案》的立法目标是授权总统终止任何一项外国人拟议的或待决的通过收购美国人取得控制权而影响国家安全的并购案。修正案赋予总统调查和终止（或禁止）"合并"、"收购"、"接管"的权力。但是修正案及条例均未界定何为"合并"、"收购"、"接管"。在《1991 条例》中直接运用"并购"囊括上述三种交易行为。另外在《1991 条例》中，CFIUS 特别界定了"接管"一词。将"接管"定义为表决权征集（the Solicitation of Proxy），使得在接管行为造成控制权易手于外国人时能够落入修正案的管辖范围。由此可见，CFIUS 认为未造成公司控制结果的表决权征集不应属于管辖范围。《1991条例》对"并购"一词的界定以掌握公司证券或资产所有权为核心。因此，并购包括通过美国人有投票权的证券购买，可转化的有投票权证券的转化（the Conversion of Convertible Voting

Securities），或是对于可转化投票权证券的收购等方式获得公司所有权的行为。其中"有投票权的证券"是指证券赋予了所有者或持有者投票选举董事，或选举非法人社团中类似董事的管理者。"可转化的有投票权证券"指这种有投票权的证券当前并未能赋予其所有者或持有者相应的选举权。"可转化"指与无投票权证券的交换。[1]可能被审查的收购行为还包括企业资产的收购，如对某一产品、研究成果或开发的设施等收购将导致对某持续发展的企业控制权易手。这说明对于企业设备的普通买卖并不属于 CFIUS 审查范围，但外国并购方使用被并购美国人的技术或人员却属于 CFIUS 管辖范围中的并购资产买卖。[2]另外，合并也属于可能被审查的并购行为。

　　虽然修正案与条例均未对"并购"作出更深入的界定，但是条例通过列举的方式明确了受管辖的典型并购行为，它们分别是：①外国人通过并购对美国人进行控制，具体控制形式不论。依此条款，即使外国并购方保留美国公司中的所有董事职务，且董事均为美国公民也仍需接受修正案的管辖。因为，该条款的核心在于考察外国人是否拥有选举董事和其他主要执行官的权利。②外国人购买美国人的全部或大部分证券。依此条款，股权收购行为落入修正案管辖范围。③收购方虽然是在美国注册的公司，但仍属于修正案所界定的外国人，且并购会导致另一外国利益方对美国人形成控制。依此条款，外国公司的

---

〔1〕 Regulation Pertaining to Megers Acquisting and Takeover by Foreign Person,
　　§ 800. 201.
〔2〕 Regulation Pertaining to Megers Acquisting and Takeover by Foreign Person,
　　§ 800. 201.

美国子公司并购另一美国公司的行为落入修正案管辖中。该条款也暗示如果外国公司的美国子公司被另一外国公司并购同样可能受到 CFIUS 安全审查。④外国人对美国境内企业的业务收购。依此条款，一个外国公司收购另一外国公司在美国的业务也属于修正案管辖范围。因为该条款强调业务开展地点为美国。⑤美国人与外国人合资时，美国人以美国境内的业务出资，通过这一合资形式使得外国人对美国人业务形成控制。依此条款，合资企业的安排只要使在美国开展的某项业务变为外国人控制，该合伙企业的设立就可以被视为转移控制权的收购，继而受到修正案的管辖。

同时，《1991 条例》还列出了 9 项不受管辖的典型类型，它们分别是：①因股票分割或按比例分红而获得的有投票权证券，但不涉及控制权变化；②并购方与被并购方的母公司为同一人；③获得可转换投票权证券，但不涉及控制权变化；④仅以投资为目的购买美国人有表决权证券或类似权益，如果外国人持有，或是通过银行、信托等中介机构持有少于 10% 的有表决权证券，无论其金额多少；⑤所并购的美国资产不构成美国境内的业务；⑥在证券承销过程中获得的证券；⑦依据普通保险合同设定的条件而获得证券，且并购方获得的股份不产生控制权变化；⑧通过借贷等金融措施获得证券，但不涉及控制权变化；⑨获得有表决权的证券和资产，但不涉及控制权变化。第④项的"仅以投资为目的"指对于证券的收购不以参与发行者商务决策为目的。这些典型的不受管辖类型构成了免于 CFIUS 安全审查的"安全港"。

除了"控制"这个关键词之外，确定修正案范围的核心词还有"美国人"与"外国人",因为 CFIUS 安全审查制度仅适用于外国人控制美国人的并购交易。相比"外国人"而言,"美国人"的概念更为直观一些。美国人指美国境内的自然人或从事州际商事活动的实体,控制人本身国籍在所不论。对于美国人界定仅仅以营业地为唯一判断标准。采用该标准可扩大"美国人"概念的外延。

"外国人"可以是控制或能够控制的任何一个外国人,或任何被外国利益控制或能够控制的实体。[1]"任何一个外国人"是指任何一个非美国国籍的外国国民。"外国利益方"是指美国以外的利益者,包括外国政府。这样的界定使得外国公司的美国子公司成了受修正案管辖的外国人。另外,依据此定义,"外国人"身份的确认须依赖于"控制"行为的确认。

"外国人控制"这个核心事实与案件是否属于修正案管辖有密切关联。外国人控制概念的紧密相关性表现在两个方面:一方面,总统仅调查导致美国人被外国人控制的跨国并购案件,该并购交易如存在国家安全威胁,总统还将对该项交易采取含终止、禁止或剥离财产等行动;另一方面,在决定一个人是否为外国人时,参考的一个方面是它是否为外国利益方所控制。

"控制"概念被《1991 条例》赋予了广泛内涵。"控制"被定义为拥有决定被并购实体重要事项的权力,无论这项权力是被直接行使还是间接行使,无论这项权力是已经行使还是可被

---

[1] Regulation Pertaining to Megers Acquisting and Takeover by Foreign Person, §800. 201.

行使[1] 控制典型存在于并购人可影响下列事项决定时：①买卖、租赁或出资实体财产，无论这些行为是否发生于普通商务之中；②解散实体；③关闭或迁移实体的产品、研究成果和设备；④实体终止或不全面履行合同；⑤修改实体的公司章程或设立协议中关于前四项的规定。[2]

《1991 条例》强调控制的方式可以多样，如多数股份、占支配地位的少数股份、表决权征集、合同安排等方式。对控制概念的核心理解在于外国人是否在某些事项上能对美国人发挥控制作用，控制具体方式在所不论。尽管如此，条例也明确规定存在于美国公司"遥远的，具有最终可能性"的控制并不在条例所界定的"控制"范围之内，如外国投资者仅因投资目的而持有美国公司股份。

"控制"概念的定义与修正案、《1991 条例》的其他许多条款相似，即充满了模糊性与灵活性，从而给予总统和 CFIUS 在决定跨国并购交易是否导致外国人控制美国人，且是否产生国家安全威胁时具有充分的自由裁量权。

（三）审查标准

整个修正案中最为重要而又最模糊的概念便是"国家安全"，就像"控制"概念一样，"国家安全"概念直接关乎 CFI-US 能否对于一个拟议或待决交易进行安全审查，以及总统能否对并购交易采取强制措施。具体而言，CFIUS 仅对可能造成国

---

[1] Regulation Pertaining to Megers Acquisting and Takeover by Foreign Person, §800.213.

[2] Regulation Pertaining to Megers Acquisting and Takeover by Foreign Person, §800.213.

家安全威胁的并购交易进行安全审查；而总统也只能在外国人并购美国人会造成国家安全损害结果时，才可以提出交易的中止或禁止。尽管如此，这个重要的概念并没有被修正案或是条例予以明确界定。

不将"国家安全"概念明晰化是国会深思熟虑的结果。纵观修正案的立法史，"国家安全"概念从未被试图明确界定。而在《1991条例》公布时，条例评论也指明该条例从未试图界定"国家安全"。

虽然国会未解释"国家安全"概念，但却明示其需要进行广义解释。除此之外，修正案还为总统和CFIUS在判定并购交易是否会威胁"国家安全"时提供了几点考虑因素：①国内生产能否满足特定国防需求；②国内产业满足国防需求的生产能力，包括人力资源、产品、技术、材料及其他产品与服务；③外国人控制美国国内产业与商业活动是否会影响其满足国家安全所需求的能力。[1]

上述列举因素显示国会意图将"国家安全"概念纳入国防背景下予以界定。前两个因素都明确提到国防需求，而第三个因素运用的是较为模糊的"国家安全"概念。与此相似的是，虽然《1991条例》中并没有讨论"国家安全"的具体内涵，但却指明国家安全应当体现在与美国国防产业基地相关的产品或关键技术相关的并购中。[2]

虽然修正案与条例中都明确了"国家安全"与国防军需的密切联系，但这并不意味着只要简单地判断并购交易中的某一

---

〔1〕　50 U. S. C. A. app. § 2170（e）（West Supp. 1989）.

〔2〕　56 Fed. Reg. 58774（1991, Dep't Treas. ）.

产品或服务是否与军需、军用有关，就可以直接判断出该交易是否会影响国家安全。因为"国家安全"被指明要予以广义解释，甚至会包含经济福利。为方便并购双方配合 CFIUS 审查，预先判断交易是否存在国家安全威胁，条例给出了一些指南。例如，并购方向 CFIUS 提交的审查通知必须包括某些特定信息，包括：被并购方的技术是否曾被用以生产制造军需用品，是否曾与美国政府签订含保密技术或保密信息的合同，并购交易双方出口的产品是否属于美国法定军需用品清单产品或需要申请出口特许的产品等。并购交易方向 CFIUS 提供的审查通知中如果含有上述特定信息会被认为并购交易涉及国家安全，故交易需接受 CFIUS 安全审查。

除此之外，跨国并购交易如涉及核心工业或关键技术也需接受 CFIUS 安全审查，因为外资并购交易一旦牵涉核心工业或技术即有可能影响国家安全。美国总审计局曾提交一份与国家安全密切相关的工业清单，美国国防能源部也为与国家安全紧密相关的技术建立了一份清单，如微电子电路生产技术、软件设计生产力技术、被动传感器技术、纤维光学技术、高功率微波技术等均在清单之列。问题在于：这两份清单所列举的许多工业领域及技术不仅与国防安全相关，也与普通民用产品生产相关。如果只要涉及清单中的技术就须接受 CFIUS 安全审查，无疑会给 CFIUS 带来巨大的审查压力，同时也会阻碍仅生产民用产品的跨国并购的交易效率。

当然从另一角度而言，如果并购交易中没有涉及列举于工业清单之上的领域，就可以被认为与国家安全方面无关，这也增强了跨国并购安全审查的可测性。据此可以被排除的领域有：

饭店、房产、食品、农业、证券、保险及金融服务。

其他的一些法律渊源也可以帮助并购交易双方确认外国人控制美国人后是否会产生国家安全问题。例如,《国防部工业安全条例》（Defense Department's Industrial Security Regulation）将关键技术定义为：潜在对手没有掌握的重要军事技术,一旦掌握后,其军事能力就可显著增长。关键技术包括：①能够优化现有军事系统的优秀技术；②能弥补潜在对手某一具体军事缺陷,潜在对手一旦拥有该技术即可显著提升战斗力；③属于新兴技术,有很高的潜在可能性提升武器系统。依此界定,如果并购交易造成外国人控制这类关键技术,则将产生国家安全影响,应当向 CFIUS 递交审查通知。

CFIUS 除了需要评估并购交易存在的国家安全影响外,CFIUS 及总统还需要判断交易中的外国并购方是否会运用自己的控制权来损害美国国家安全。依据修正案规定,这种判断应通过若干显著的事实来预测,例如,预测外国并购方会不会将收购的设施关停,停止生产重要的国防产品；并购方是否可能误用机密信息；是否能够支持被并购的关键技术被进一步研究发展。这样的预测很难准确判断,而且无论是修正案本身,还是《1991 条例》都未能给出足够的预测指引,这在赋予 CFIUS 充分裁量权的同时,也增加了行政任意性的可能。

三、程序制度

依据修正案条款,整个审查程序可分为两个基本步骤：首先,总统或 CFIUS 需要调查一项拟议的或待决的并购、接管或收购是否会影响国家安全；其次,基于调查结果,由总统决定是否需要采取任何强制措施。

依据修正案第 1 条规定：总统或其授权人（CFIUS）应在收到当事人有关兼并、收购、接管的书面通知起 30 日内决定是否进行调查。如果决定对交易予以调查，则应当在决定之日起 45 日内完成调查。

（一）交易通知与初审

启动整个修正案调查程序的钥匙是 CFIUS 收到交易通知。修正案对于通知的形式、内容及在哪些情况下应给予通知均作出了相应规定。在《1991 条例》中，CFIUS 建立了自愿通知系统，并购交易任何一方均可选择向 CFIUS 提交通知，即使拟定的并购为敌意收购也可以由交易中的任何一方提交通知。修正案的这一规定使得提交通知、发起安全审查可能成为公司接管战的一项工具。

条例中详细规定了自愿通知的内容细节，需填写的内容包括：①对于交易完整的描述，包含：交易性质（并购、接管等）；交易双方名称、地址；并购方外国人母公司的名称、国籍及地址；与被并购美国人有关的利益方的名称、国籍及地址；完成交易的预计日期。②如果并购交易由财产或业务并购组成，则需要描述被并购方的资产状况。③关于被并购方为美国人及其下属公司的具体情况，包括：商务活动及经营范围；交易是否涉及向美国国防部供应的产品或服务，是否涉及军事运用类技术；提供、供应此类商品或服务的设施地点；确认被并购方与美国政府是否曾签订涉及机密信息、技术及数据的合同。④说明并购方为外国人的经营范围。⑤在并购美国人后，外国人对于并购所涉及的国防相关产品、服务或其他可能影响国家安全的产品或服务所制定的生产及研发规划，包括：是否会削减设备研发经费；是否会改变产品品质；是否会关闭生产设备，停止生产此类产品；是否会将相关设备迁移出境等。[1]

除此之外，交易方递交的审查通知需依据国家制定的"军需品清单"，判断被收购方的美国人所生产的产品或技术数据是否属于需要征得许可批准后方可出口的类型。如果其他政府机构已经作出关于拟定并购交易的任何报告与发现，审查通知必须予以披露。

依据条例规定，当交易方主动递交的审查通知所填写的内容不符合法律要求时，CFIUS可以拒绝接受；基于通知内容，CFIUS发现并购交易显然不属于外资并购安全审查范围的，也可以拒绝接受通知。

除了自愿通知外，CFIUS成员还可以在有理由相信某拟定并购交易属于修正案管辖范围，且可能对国家安全造成负面影响时，直接向CFIUS主席提交机构通知。尽管交易双方是否提交通知属于自愿行为，但是本应受修正案管辖的交易，如果在交易前或过程中均未提交通知，即使交易结束也仍受修正案管辖。这意味着，总统可以对一个已完成的并购交易进行后续调查，在断定其可能威胁国家安全后，依然可采取强制措施，如剥离并购方已获得的交易财产，总统的这项审查权被称为无限审查交易权。法律赋予此项权力的目的是对外资并购交易产生普遍威慑效力，以此确保总统及CFIUS在事实上收到所有可能被管辖的外资并购交易通知。迫于安全审查威慑，并购交易方

[1] 56 Fed. Reg. 58774（1991，Dep't Treas.）.

大多尽早向 CFIUS 提交交易通知，以避免在投入大量时间、成本开展交易后，被总统强制性禁止，或被迫对交易做出重大改变。

在接到交易通知后，CFIUS 必须在 30 日内作出是否发起正式调查的决定。在审查通知作出决定的过程中，CFIUS 需要考虑三个问题：①美国人的控制权是否会通过交易易手于外国人；②是否有"可信证据"证明外国人在控制美国人后，会采取损害国家安全的行动；③是否其他法律已赋予相关机构充分的权力来防止交易威胁国家安全。简言之，CFIUS 在初审中需要明确的唯一核心问题是该项外资并购交易是否会产生与国家安全相关的问题。如果初审中没有发现，CFIUS 将不会进行正式调查。如果 CFIUS 通过初审认为该项交易会产生国家安全威胁，且没有其他法律可以对美国国家利益提供充分保护，那么 CFIUS 将启动调查程序。

（二）调查程序

调查必须在接到交易通知后 30 日内开始。CFIUS 必须通知并购交易当事方调查已经启动，但是法律并未规定发出通知的具体期限，调查启动后要在 45 日内完成。在调查结束后，CFI-US 要向总统提交报告，给出建议。无论是报告还是建议均须各成员意见一致。如果不一致，报告应当阐述成员的不同看法及争议，请总统给出解决意见。在调查中 CFIUS 要回答的核心问题是：外国人控制美国人后，是否会对美国国家安全造成威胁。CFIUS 在对交易是否威胁国家安全的问题上被修正案和条例赋予了极大的行政裁量权。

在 CFIUS 调查程序里包括交易双方提交问卷，回答跟进问题，及参加非正式听证等环节。整个程序必须在初审启动后的 30 日内启动，严格而紧凑的时间限制使 CFIUS 在作出正式调查决定前，就必须获得交易双方详细的信息资料及交易相关信息。修正案规定，并购交易的当事方必须配合 CFIUS 调查，提供所要求的信息资料，但修正案并未明确规定交易双方不予履行配合义务会产生何种惩罚，或是会直接导致总统对于交易的禁止。交易双方配合 CFIUS 调查所提交的交易信息均被视为机密信息，免受《信息自由法案》（the Freedom of Information Act）的管辖，CFIUS 负有保护信息机密的义务。

　　整个 CFIUS 调查程序所表现出的一大特点是缺乏透明度。一旦 CFIUS 决定正式调查开始，整个程序就像进入了一个"暗箱"，CFIUS 没有义务告知交易双方调查进展，外界更难以了解与调查相关的信息，公之于众的只有 CFIUS 所作出的最终决定及建议。修正案与条例均未要求 CFIUS 作出调查决定时应适当参考交易当事方的建议或想法；也未规定调查期间须举行听证会；更没有要求 CFIUS 在调查中需通知交易潜在利益方，如与美国公司同一行业的其他公司，以听取他们的建议。

　　这种缺乏透明性的调查程序使交易双方缺乏能动参与调查的机会，因此会导致 CFIUS 难以获得充分的交易相关信息，及 CFIUS 的最终决定受限。更重要的是，法律没有要求 CFIUS 对自己最终决定做出解释或定期公开并购交易简报。事实上，CFIUS 对自己决定的解释及定期公开交易调查简报，都会为后续的外资并购交易做出有效指引。CFIUS 对于自己的决定不做出解释或予以公布，使得国会及普通民众只能依靠媒体来获取 CFIUS 的决定及推测相关原因，这样容易引起各界对 CFIUS 决定的误解，也可能被美国利益集团别有用心地利用。

（三）总统决定

在收到 CFIUS 的调查建议后 15 日内总统须决定是否对于交易采取行动。[1]总统决定采取强制措施有两个前提条件：①存在可靠证据使总统相信，一旦外国人控制美国人可能会对国家安全造成威胁；②没有其他法律条款能够为他提供足够的权限解决这一问题。一旦总统决定采取强制措施，他必须马上向参众两院提交报告详细解释他的调查发现。[2]

在外资并购安全审查领域，修正案及条例实际赋予了总统近乎完全自由的裁量权，修正案指出：总统可以在其认为恰当的时候适用任何一种恰当的方法，对于任何一项州际收购、并购或接管交易进行中止与禁止……以防止外国人获得控制权后对国家安全造成损害。[3] 依据修正案规定，总统可以直接命令检察长通过联邦法院提起适当救济之诉对抗并购交易方，以剥离并购方在交易中所获得的财产权利。考察修正案立法史可知，国会对于"恰当救济"概念予以广泛解释。修正案赋予总统极为灵活的强制措施权限，如果被审查的交易通过对并购方案调整修改能消除或削弱国家安全威胁，总统也有权让交易继续进行。最后，无论总统针对并购交易作出何种最终决定均免受司法管辖。

（四）外资并购安全审查程序特点

《埃克森－弗洛里奥修正案》的程序条款呈现出以下三个

---

〔1〕 50 U. S. C. app. §2170 （c）（West Supp. 1989）.

〔2〕 50 U. S. C. app. at §2170 （f）（West Supp. 1989）.

〔3〕 50 U. S. C. app. §2170 （West Supp. 1989）.

特点:

第一,每一步审查程序的期限限定相当紧凑。从 CFIUS 接受交易通知到总统宣布对并购交易采取行动,最长只需 90 天。90 天的时间对于总统和 CFIUS 分析并购交易是否具有国家安全威胁及是否采取强制措施而言,显得十分有限,因为在 CFIUS 和总统的分析决策过程中,既要调查判断交易对美国经济和国家安全产生的潜在影响,还要考虑跨国交易本身的复杂性,以及与其他国家的外交关系。因此,90 天的期限给 CFIUS 审查实践带来的最大难题是:如何能在这么短的时间作出合理而全面的分析与判断。

但是 90 天的期限也为交易双方提供了便利。紧凑的审查时效对交易双方而言,可以节省审查的时间成本及整个交易成本。尤其是在敌意并购中,被并购公司的管理层可能通过向 CFIUS 主动提交审查交易通知的方式,以修正案的审查程序作为防御敌意并购的武器。此时对并购方而言,破除这一武器最有效的方法就是紧凑的审查时间。当然,在这相对较短的时间里,被并购管理层也足以通过大肆剥夺公司财产的方式,使公司变成一个没有吸引力的标靶。总体而言,90 天的审查时间显得十分紧凑,但也较为合理,它在并购交易安全审查效率化与审查充分性之间做到了较好的平衡。

第二,修正案程序中对总统采取强制措施的期限从 CFIUS 正式接受审查通知时起算,即总统对交易的最终决定权只在审查正式启动后才开始起算。这意味着,即使跨国并购交易已经完成,只要 CFIUS 对交易发起外资并购安全审查,修正案依然对交易适用,因为该修正案的适用本身并无法定期限。理论上,

CFIUS 与总统可以对未经安全审查的跨国并购交易在任何时间发起审查并实施强制措施，这一制度设计对一些因为担心收购交易可能涉及国家安全问题而不主动提交通知的交易方产生了极大威慑。

第三，修正案程序充分给予了 CFIUS 与总统高度的行政裁量权，并且对于总统最终决定及采取强制措施均不予以司法管辖。这一规定反映出国会认为《埃克森－弗洛里奥修正案》的运用具有高度的政治性，应当赋予总统和行政部门足够的权力运行空间。

四、典型案例

（一）中国国家航空技术进出口公司收购案

在《埃克森－弗洛里奥修正案》颁布后，真正走完 CFIUS 安全审查程序，并被总统采取强制措施的首例案件是我国的国家航空技术进出口公司（简称 CATIC）收购美国 MAMCO 制造公司（简称 MAMCO）案。

MAMCO 是设立于华盛顿州的企业，主要经营范围是加工制造民用飞机金属部件。MAMCO 的大部分产品销售给了一家私营美国制造公司，MAMCO 从未与美国政府签订合同，经营中也未涉及机密信息，但是它拥有的生产设备中有些属于美国出口控制类机器设备。CATIC 是一家直接接受中国航天工业部领导的进出口公司。中国航天工业部主要从事军用和商用飞机、导弹及航空发动机的研发、设计与制造，而 CATIC 公司拥有若干生产部门，其中包括商用飞机设计制造部。

依据递交 CFIUS 审查通知规则，MAMCO 在获知 CATIC 并购意图后主动递交了 CFIUS 审查通知。1989 年 11 月 30 日，CATIC 完成了 MAMCO 所有未偿投票权股票的购买，这使得 CATIC 在 CFIUS 完成审查前便完成了对于 MAMCO 的并购交易。即使已经完成的跨国并购交易也可能归修正案管辖，CATIC 本应在实施并购之前秉持审慎，先等待 CFIUS 的决定。

1989 年 12 月 4 日，CFIUS 决定启动正式调查程序，调查 MAMCO 的生产能力、技术现状和并购后的发展前景，以分析判断并购交易是否会产生国家安全威胁。为了搜集 CFIUS 所需信息，美国商务部与国防部官员代表 CFIUS，对 MAMCO 进行了现场调查，CFIUS 代表在调查中要注意搜集任何能够证明 CATIC 可能采取行动危害国家安全的可信证据。另外，CFIUS 还需要注意分析：是否有其他的法律可以规制 CATIC 收购 MAMCO 后所带来的这种威胁。

在完成全面调查后，CFIUS 建议总统命令 CATIC 卖掉已并购的 MAMCO 财产。因为安全审查程序的不透明性，CFIUS 作出此建议的真实理由难以获悉。据有关报道显示，CFIUS 认为 CATIC 涉及多个生产领域，既可以制造民用飞机，也可以制造军用飞机、炸弹及直升机。另外，CFIUS 还调查发现 CATIC 曾试图非法获得美国军事技术。[1]

在 CFIUS 眼中，这个并购交易复杂不堪：一方面并购对象拥有可能被运用于军事航空领域的先进技术，另一方面并购方是中国人，是具有国资背景的中国企业，中国虽非美国的军事敌对国，但存在着意识形态的差异。在调查期间，MAMCO 反复

---

[1] Auerbach, "Bush Urged to Bar Deal with China", *Wash. Post*, Feb. 2, 1990, at GI.

声明自己的产品从未用于军事领域，虽然有部分产品可以用于军事领域，但这些产品是专供波音公司制造商务机的。在调查中，CATIC 表示自己可以通过调整并购方案的方式来减轻交易产生的国家安全威胁。即便如此，最终总统决定禁止这项业已完成的并购交易。总统决定的真实原因难以验证，因为美国外资并购安全审查程序就像一个黑匣子，内幕从不公开，大众所获悉的决定理由多是被媒体引导的猜测。

在布什总统发布的禁止命令里，总结了调查该交易的两点核心，发现：①有充分证据使总统相信 CATIC 对 MAMCO 控制后，中国国家航空工业部可能采取威胁美国国家安全的行动；②只有《埃克森－弗洛里奥修正案》条款对总统在此案件中进行了充分而恰当的行政授权。[1]

基于调查发现，总统公布决定如下：①CATIC 对 MAMCO 及其财产的控制性并购行为，无论针对 MAMCO 公司本身还是其附属公司，均予以禁止；②CATIC 及其附属公司在 3 个月的时间，须全面放弃已并购的 MAMCO 股权；③在 CATIC 剥离股权期间，CFIUS 将对整个过程予以监控。在此期间，总统还授权 CFIUS 可以采取必要措施保障国家安全。CFIUS 可采取的措施包括但不限于进入交易双方的所有设施场所，并可以：①检查与复制所有账簿、分类账务、账户、通信、备忘录及其他所有与本案有关的并在当事人控制下的记录与文档；②检查交易双方控制下的任何设备、集装箱、报关及技术数据；③与交易双方的管理层、雇员或代理针对该并购案事宜进行访谈；④授

〔1〕 Order Pursuant to §721 of the Defense Production Act of 1950, Released by the White House, Office of the Press Secretary, Feb 2, 1990.

权检察长，在其认为必要之时，可采取任何行动贯彻执行总统该项命令。命令中特别声明：总统的该项决定将对于 CATIC 在美国的其他商业安排不产生任何影响。[1]

CATIC 并购交易的审查结果打击了外资赴美并购的热情。为继续让外资开放政策给美国经济注入新鲜活力，布什总统特别在禁令颁布同日发表如下讲话："美国是一个十分欢迎外国直接投资的国家，它为国外投资者提供了公平、公正、无歧视的投资待遇。本届政府将继续坚持这一政策。在某些情况下，美国对于上述投资待遇有限保留的例外。总体而言，这些例外是为了保障国家安全的必须。作为美国总统，这是我第一次基于《埃克森 – 弗洛里奥修正案》发起对外国并购、收购及接管审查并采取强制措施。我在本案中采取的行动仅是对于这一具体交易所作出的决定，这个决定不会影响或改变美国对外资开放政策，也不能作为美国日后对待中国或他国直接投资的需遵从先例。"[2]

（二）西德 Heuls 公司收购案

在修正案颁布后，令 CFIUS 第一次启动正式调查程序的案件为 Heuls AG（简称 HEULS）公司并购 Monsanto Electronic Materials 公司（简称 MONSANTO）案。HEULS 是西德 VEBA AG 公司的子公司，MONSANTO 是美国重要化工厂集团 MONSANTO 的一个子公司。MONSANTO 主要生产硅片，硅片是用来生产半

---

〔1〕 Order Pursuant to §721 of the Defense Production Act of 1950, Released by the White House, Office of the Press Secretary, Feb 2, 1990.

〔2〕 Released by the Congress of the U. S, The White House, Office of the Press Secretary, Feb 2, 1990.

导体设备的基本材料。CFIUS 对该并购案安全审查程序是应国防部及商务部要求而启动，它们认为该项交易可能造成晶体技术泄露于美国境外，导致先进技术外溢。

在 CFIUS 完成 45 天正式调查后，向总统作出的建议是允许 HEULS 并购 MONSANTO。在 CFIUS 进行安全审查过程中，半导体产业的原材料商和设备供应商的两大贸易组织——SEMI 和 SEMATECH，联系 CFIUS 并表达对交易的反对。SEMATECH 是一个工业－政府联合组织，该组织成立的目的是促进美国半导体业发展。无论是修正案还是条例均未规定除交易方以外的其他方可以参与调查，因此这一事件意味着，CFIUS 可能考虑来自交易方之外的意见与评论。

CFIUS 通过调查还发现，HEULS 并购 MONSANTO 对 MONSANTO 的生存发展至关重要。在并购交易发生时，MONSANTO 已经账面亏损数百万美金，濒临破产。事实上，在 HEULS 意图并购 MONSANTO 之前，美国国防部曾表示愿意购买 MONSANTO 集团的一半股份，但是没有任何一家美国公司愿意购买另外一半。通过调查，CFIUS 还发现该起并购交易可能对国家安全造成威胁，威胁源于并购交易后，可能导致硅片技术外溢，更因为并购方公司来自于美国的军事劲敌——西德。

HEULS 曾在调查期间向担任 CFIUS 主席的财务部部长提交一封信。在信中，并购方 HEULS 做出如下承诺：①作为一家西德公司，自己愿意像美国公司一样与 SEMATECH 组织合作，并决不将并购所获技术转移到其他外国公司，并将提高并购价格，使 MONSANTO 公司从并购中获利。②HEULS 承诺 5 年内仅在美国市场销售生产的产品，并在美国境内持续开展产品研发，保证自己的产品将充分供给美国半导体工业。这些承诺被认为是能够让 CFIUS 作出许可交易决定的重要原因。虽然从来没有法律规定 CFIUS 或总统有明示权限可要求交易方附加交易条件，以取得交易许可，但是这种权限却明白无误的存在，因为如果外国收购方不同意附加条件，总统可直接宣布禁止交易，并且总统的决定不受司法管辖。

CFIUS 向总统作出许可交易的建议后，引来美国政坛一片反对声。国会有 29 名议员向布什总统致信，要求总统阻止交易。因为 MONSSANTO 集团当时是美国国内最后一家硅片制造商，国会议员担心将它出售给 HEULS，会导致美国硅片生产商完全依赖外国人提供原材料，这可能会对美国高科技基础建设带来远期不利影响。[1]

面对反对，布什总统仍选择接受 CFIUS 的建议，同意该并购交易继续进行。总统发言人解释总统决定是基于对美国硅片供应可靠性、技术转移可能性及半导体工业领域交易关系等多种因素研究作出。[2]

（三）英国 GOLD FIELDS 并购案

英国 GOLD FIELDS 公司（简称 GOLD）并购案，CFIUS 并未像前两个典型案例一样进入正式调查阶段，在初审便被 CFIUS 认为不具备安全威胁，但它引起了公众的广泛关注，也为后续并购案提供了多方面的有效指引。

1988 年 9 月 21 日，MINORCO SA（简称 MINORCO）欲敌

〔1〕 "Bush Clears Sale of Monsanto Wafer Unit to West German Firm Despite Opposition", 6 *Int'l Trade Rep.* (BNA) 182 (Feb. 8, 1989).

〔2〕 Press Release, The White House, Office of the Press Secretary, Feb. 7, 1989.

意并购 GOLD 公司。这两个公司均不为美国人所控股。GOLD 是一家英国跨国集团的下属公司，该公司集团主要从事矿业与建材生产，公司分布于澳大利亚、北美、南美及英国。MINORCO 由一家卢森堡投资公司控制，MINOCRO 虽未在南美投资，但它最大的股东益格鲁－美国公司设立于南美。GOLD 在遭受敌意并购后，向 CFIUS 发出自愿通知，因为它拥有 NEWMONT 公司的 50% 股份，NEWMONT 公司是美国一家领先的冶金生产商。在通知中，GOLD 指出这起并购可能对美国家安全造成威胁，因为可能造成外国对美国某些战略性金属的控制。GOLD 进一步指出，因为 MINORCO 的大股东在南美，交易成功后可能增加美国对南美进口依赖。

接到通知后，CFIUS 通过 30 日的初审便得出结论：该并购交易不会对美国国家安全造成威胁，因此未启动全面调查。因为在初审中，CFIUS 发现：即使中断全部该交易所涉及的金属供应，美国本土的金属供应商也完全可以满足美国自身需求。基于此，CFIUS 没有再展开任何关于该项交易的调查。

这项交易案的安全审查富有启示性。首先，可以看出 CFIUS 对"国家安全"的功能性定义。在这个案件中，CFIUS 面临的问题并非是交易是否产生高科技技术外溢或是威胁技术可持续性研发，而仅仅是外资是否会掌控某一产品。CFIUS 在面对这样的问题时，直接假设如果交易涉及的所有产品供应中断，是否会对美国国家安全造成威胁。本案中，因为美国国内对该产品充沛的供应，使得 CFIUS 根本没有进一步回答更具政治性的问题：是否有可信的证据证明 NEWMONT 被外资控制会带来某产品供应中断。其次，该案还说明了即使收购交易双方均为外国人，CFIUS 仍可能发起对交易的调查，外资并购安全审查制度的管辖范围较为广泛。最后，该案中 CFIUS 对此类交易的快速处理证明交易当事人难以利用外资并购安全审查程序作为对抗或抵御敌意并购的武器。实际上，在 GOLD 案中，GOLD 可以考虑向当地联邦法院申请禁令，通过美国反托拉斯法，而不是国家安全审查制度来对抗敌意收购。

每年 CFIUS 审查的大部分案件中，绝大多数都是在初审程序就结束了审查。进入正式调查阶段的案件十分少有，总统作出禁令的案件更是平均每年不到一件。那些结束于初审的案件要么是显然与国家安全无关，如游泳池公司收购、郁金香花公司收购、木材公司收购等，要么是涉嫌利用修正案程序对抗敌意收购。这一方面说明 CFIUS 在审查中有着类似于底线测试的判断；另一方说明 CFIUS 反对将外资并购安全审查机制沦为公司抵御收购的武器。

（四）总结

考察上述经典案例至少可以得出两点结论：

第一，CFIUS 对《埃克森－弗洛里奥修正案》的运用总体而言比较谨慎。仅在涉及高敏感技术和产品时，CFIUS 才会建议总统禁止交易。CFIUS 决定是否发起正式调查及许可交易时，主要考虑的是客观因素：被并购的目标公司是否曾签订机密合同；目标公司是否属于美国本土供应重要军事用品的生产商；并购成果是否可能导致敏感技术的未授权外溢等。CFIUS 在某些案件上也会考虑一些主观因素，如并购公司的身份、国籍等。

第二，CFIUS 愿意与交易双方协商，构建出一个既可以使交易顺利完成，也不威胁国家安全的方式，通过协商，CFIUS

多会为交易提出许可条件。CFIUS 的这种做法显示出总统与 CFIUS 希望促使外资并购交易成功，只要并购交易可以消除国家安全隐患。这一做法也给其他国家一个强烈信号：CFIUS 和总统，基于《埃克森－弗洛里奥修正案》授权，在国家安全和外国投资促进经济之间积极寻求平衡。

虽然《埃克森－弗洛里奥修正案》下的外资并购安全审查程序运用十分谨慎，但审查制度本身存在的不足仍然难以被掩盖与忽视。首先，在实体内容中，若干核心概念（如"国家安全"）刻意不予明确，导致审查标准在政治安全与经济发展间不断游移，既难以形成统一的判断标准，也难以避免打着国家安全旗号的贸易保护主义出现。其次，审查程序缺乏透明性且没有召开听证会的要求，一旦 CFIUS 决定启动正式调查程序，整个案件就像进入黑匣子，大众能够看到的只有 CFIUS 向总统提交的决定与建议。这不仅使得后续案件难以得到启示与指引，也使得本就不隶属司法管辖的最终决定产生行政滥用的可能。最后，修正案和《1991 条例》均明确 CFIUS 应对安全审查中所获取的所有商业信息保密，但法律并没有明确应当如何进行保密。美国国会属于选民政治，议员代表本地选民的意思和利益。当外国公司收购的美国人刚好是议员的选区的"重要选民"时，如何防止议员获取与外泄 CFIUS 在安全审查中得到的外国公司商业机密（如具体收购计划）属于待弥补的漏洞之一。

第三章

外国投资与国家安全法

一、立法背景

（一）《伯德修正案》的通过

1992 年 109 届国会通过《伯德修正案》对《埃克森－弗洛里奥修正案》予以修改，引发这次修改的主要原因之一是颇具争议的 THOMSON 并购 LTV 案。LTV 公司是 1978 年设立于达拉斯州的一家钢铁公司，1986 年濒临破产，欲出售其导弹制造业务。THOMSON. CSF（简称 THOMSON）是法国公司 THOMSON S. A. 在美国设立的子公司。THOMSON S. A. 为法国政府所有，法国政府间接持有 THOMSON 59.2% 的股份。THOMSON 向 LTV 发起并购，但遭到美国国会严重反对。国会的反对，一方面源于法国政府对 THOMSON 的间接控制，另一方面因为 LTV 是美国国防部的合同供应商，如果并购交易成功，THOMSON 公司此前仅能制造导弹相关的电子装置，并购 LTV 导弹业务可使其独立制造导弹产品。

CFIUS 对该并购案发起安全审查，审查的核心问题是：如果并购完成，法国政府是否会控制 THOMSON？是否会造成 LTV 敏感技术的转移与外溢？

国防情报局通过对并购交易的调查，出具的一份风险评估报告显示：并购造成技术外溢的危险是 100%。[1] 为促成并购成功，打消美国政府对技术外溢的疑虑，THOMSON 提议签订特别安全协议（Special Security Agreement，SAA）防止敏感技术外溢，在协议中规定代理股东投票协议，以防止外国股东控制美国公司，接触机密信息，还规定代理投票的股东须为美国公民，且与并购美国公司的交易人无联系。

配合调查法国政府是否会控制 LTV 的问题时，THOMSON 强调公司 40% 的股份仍然控制在私人手上，这表示法国政府并不能在公司管理中充当积极角色。然而联邦政府会计总署（Government Accounting Office，GAO）围绕该交易出具的安全调查报告显示：依据法律，法国政府可随时通过直接或间接的经济控制手段，干涉公司经营策略、目标及方向。GAO 还认为，法国政府与美国政府在军售方面一向存在异议，这一历史现象可能增大法国政府控制 LTV 的概率。[2]

CFIUS 认为交易当事人未能就充分保护关键技术不外溢达成安全协议，在完成正式调查程序后，最终建议总统阻止这项并购协议。THOMSON 为避免总统采纳 CFIUS 的建议让并购交易陷入更被动的局面，决定先撤回发给 CFIUS 的自愿审查通知，

〔1〕 "HASC Panel Hears Differing Views on DOD Role in Reviewing Defense – Related Acquisitions", 58 *Fed. Cont. Rep.* （BNA），No. 7，Aug，1992.
〔2〕 "GAO Warns of National Security Impact of Thomson – CSF Acquisition of LTV Missiles", 57 *Fed. Ct. Rep.* （BNA），No. 26，June 29，1992.

打算重新部署并购计划。此后不久，THOMSON 与 Loral 公司达成协议，决定联合并购 LTV 的导弹业务。美国 Loral 公司的并购资产高达 94%，而 THOMSON 仅占收购资产的 6%。这项收购交易最终因为转化为更大规模的 LTV 航空国防公司并购案的一部分而成功。

该项并购交易的成功引起美国参众两院极大不安，因为美国武器制造商被出售给外资企业，更因为外资企业被外国政府间接控制。国会对此案的不安与争议使得美国通过《伯德修正案》对外资并购安全审查制度作出进一步修改与完善。

《伯德修正案》主要从增加强制调查机制及国会报告制度、增添国家安全考虑因素、调整 CFIUS 成员结构及规范技术评估等方面对《埃克森－弗洛里奥修正案》进行立法修改。

在强制调查方面，《伯德修正案》要求 CFIUS 对一切属于《埃克森－弗洛里奥修正案》审查范围的，且并购方被外国政府控制或服务于外国政府利益的均须启动 45 天正式调查程序，调查程序完成后方可得出安全审查结论。

国会报告制度条款要求总统无论对并购案作出何种决定，均需向国会提交书面报告，解释决定理由。以参议员埃克森为代表的部分国会议员认为 CFIUS 对《埃克森－弗洛里奥修正案》执行不力，自修正案颁布到 LTV 案止，CFIUS 共审查交易案 700 多起，仅对 13 项进行正式审查，总统更是绝少运用交易否决权。因此，国会希望通过设立国会报告制度来增强国会对外资并购安全审查制度执行的监督。

《伯德修正案》对国家安全因素的规定是在《埃克森－弗洛里奥修正案》的基础上明确要求总统与 CFIUS 考虑两项新增评

估因素：①将军事产品、设备或技术出售给特定国家。所谓特定国家，指由国务卿依据 1979 年《出口管理法》确认的支持恐怖主义的国家，导弹扩散、生化武器扩散的国家，或是依据 1978 年《防止核扩散法》确认的核扩散的国家。②交易可能对美国国家安全技术的国际领先地位产生影响。

《伯德修正案》建议总统进一步调整 CFIUS 成员，建议新增科学技术政策办公室主任及总统国家安全事务助理。这一建议在总统发布的 12661 号行政命令中得到落实。

《伯德修正案》为防止美国关键技术出口国外，要求总统每 4 年组织一次关键技术全球现状调查，调查评估结果副本需在参与审查人员中公开。调查报告须评估的内容有：①是否有可靠证据显示有一个或多个国家或公司通过收购美国公司针对美国领先关键技术进行研发或生产；②是否存在外国政府指使的工业间谍活动，旨在通过收购美国公司获取关键技术类商业机密。

《伯德修正案》的立法目的之一是希望《埃克森－弗洛里奥修正案》得以充分执行，最大限度地确保关键技术不从美国外溢，但是新修正案并没有改变原有法案关键概念模糊弹性的特点，没有对"国家安全"范围与标准作出更进一步的界定，这使得总统与 CFIUS 在控制外国资本能否流入美国实施并购的问题上仍具备宽泛的自由裁量权，同时也让外国投资者在构建并购计划时缺乏指引，给交易带来诸多不确定因素。

（二）外资收购的国家安全审查再度兴起

自 1993 年通过《伯德修正案》后，公众减少了对 CFIUS 执行外资收购国家安全审查情况的关注，国会的关注也随之减少，在 20 世纪 90 年代初期 CFIUS 发起 45 天正式调查的案件数量呈逐年递减趋势。这不仅是因为并购交易双方通过过往交易案例对外资并购国家安全审查制度有了更好的理解，而且因为 CFIUS 主动启动审查程序的次数明显降低，也因为这段时期几乎没有一个收购案件引起公众高度关注与大规模反对。

1. CFIUS 的复兴

让外资并购安全审查制度和 CFIUS 再度被关注的并不是国会，而是来自于五角大楼的"9·11"恐怖袭击。在"9·11"发生后的数月中，国防部两次提出应当在外资收购的国家安全审查中添加国防授权法案，这样会极大扩展 CFIUS 所审查的交易范围。在五角大楼的议案中要求所有超过 1 亿美金的外商投资均须得到 CFIUS 批准；在被并购前 3 年内与国防部签订不少于 100 万美金合同的美国公司被外资并购必须展开充分的安全审查；只要被外国政府控制的外国公司作为并购方，该收购交易必须先获得 CFIUS 批准。[1]这些提议遭到了美国财政部与商务部的共同反对，最终五角大楼议案未获通过。2002 年 GAO 在一份关于增强外资并购安全审查改革的调查报告中如此评价五角大楼议案：对 CFIUS 审查外资并购中国家安全的改革提议虽然高度重视国家安全，但是并未得到来自国会或行政部门的支持。[2]

"9·11"发生后的 5 年中，美国虽未大刀阔斧地开展外资并购安全审查立法改革，但是相当数量的并购个案开始引起布

---

[1] Peter Spiegel, "Pentagon Wants Tighter Review of Foreign Mergers: Draft Legislation Seeks to Restrict Access to Sensitive U. S. Technology", *Fin. Times*, Apr. 5, 2002.

[2] USDA, "Foreign Investment: CFIUS Process For Review Foreign Acquisitions Needs Improvement", GAO Says, *Int'l Trade Rep.*, 19 (2002), 1987.

什政府和国会的关注。例如，2001 年国会的共和党成员和国防部官员对 ASML 公司收购硅谷集团案提出应当予以安全审查的意见。ASML 是荷兰公司，硅谷集团是一家半导体制造公司。国会和国防部的提议促使 CFIUS 启动对该交易的 45 天正式调查，在调查中 CFIUS 与并购方就严格安全协议展开磋商，以期降低交易可能产生的国家安全威胁。经过调查与磋商，安全协议达成，CFIUS 最终认为该项交易不会对美国国家安全造成威胁，也不会导致高端关键技术外溢，因而批准了这项交易。

时隔不久发生的美国 Global Crossing 公司并购案引起了大众广泛关注。Global Crossing 公司是一家濒临破产的电信公司，并购方为香港 Hutchison Whampoa 公司。CFIUS 在安全审查中发现该香港收购公司与中国军方存在某些关联，要求其重构并购交易，降低国家安全威胁。迫于美国各方政治压力，这项并购交易最终以香港公司主动撤回收购要约告终。

在 2004 年晚期，中国联想公司发起对 IBM 个人电脑业务的收购。该并购案同样引起了公众与国会的关注。联想公司是一家私营公司，但是中国官方机构却持有其 1/3 的股份。并购方的政府背景引起国会关注，国会 3 名共和党委员会主席向财务部致函，要求启动 45 天的正式审查程序。3 名共和党代表在信中写到：基于（联想）这家所谓的私营公司在共产主义国家与其政府的关系，我们认为对该并购案件启动正式审查十分必要，是出于对公共利益的保护。[1]联想公司为配合并购交易成功，提出有效的风险缓和安排，通过明确而具体的承诺有效减缓了

---

[1] Steve Lohr, "I. B. M. Deal in China Faces Scrutiny Over Security Issue", *N. Y. Times*, Jan. 27, 2005, at C5.

CFIUS 对国家安全威胁的关注。经过细致的正式调查后，CFIUS 所有成员一致同意批准交易进行。然而，联想并购成功后，接连发生了三起极富争议的外资并购审查案件，引发大众和国会对此类案件的普遍关注，这三起案件被认为是 2007 年《外国投资与国家安全法》出台的导火索。

2. 中海油公司收购优尼科案

（1）案情。中国能源企业集团——中海油公司（CNOOC）2005 年宣布预备并购美国公司优尼科（UNOCAL），这一事件使 CFIUS 再一次成为国会及公众关注的热点。中海油公司是中国石油巨头；优尼科集团的总部设于美国加州，是一家石油与天然气生产商。随着经济高速发展，2003 年中国已经超过日本成为仅次于美国的第二大石油消费国。中国发展需要石油，但是中国缺乏业已建成的较为完善的石油供应链来满足本国需要，这就是中海油出资并购优尼科的背景。

2005 年 6 月 23 日，中海油公司主动向优尼科公司提出价值 185 亿美金的现金并购方案，185 亿美金的并购价格为优尼科公司提供了高额利润空间。但该并购方案一出，国会反对声四起，最终演变为"美国有史以来最政治化的并购战"。这一并购方案引起关注与反对有一系列原因：首先，在美国政府眼中，中海油并非一家普通能源公司，它是中国第三大石油集团，是中国最大的海洋石油与天然气生产商，更重要的是它 70% 的股份为一家国有公司所有。如果这次并购交易成功，中海油每年的石油与天然气产量可以再提高一倍，同时它的石油天然气储备量可以增加 80%。其次，中海油提出的 185 亿美金据查大部分来自于其母公司——一家中国国有公司的补贴及国资背景商业银行贷款。中海油公司的母公司是中国国家近海石油公司，该公司同意对此次并购交易提供 70 亿美金补贴，其中的 25 亿美金属于免息贷款，其余部分贷款享受 3 年贷款期限，贷款利率为 3%。另外，中国一家国有银行同意向中海油再提供 6 亿美金贷款。大规模的资金借贷使得美国国会及联邦政府猜测是中国政府想通过中海油完成这场并购交易，这并非一场单纯的商事交易。最后，还有一个让并购案更富争议化的原因是，在 2005 年 4 月雪佛龙公司（Chevron Corporation），美国第四大石油公司，已经表示愿意以 164 亿的现金加股份的价格并购优尼科公司。

中海油为了促成交易成功，平复美国方面的争议，在并购协议上提出了许多有利于美国利益及降低国家安全威胁的条款。首先，中海油明确表示愿意继续允许优尼科在美国境内出售全部或大部分在美国本土生产的石油与天然气。其次，中海油还表示几乎保留所有优尼科公司雇员，包括在美国境内工作的雇员。这一目标公司雇员计划安排与雪佛龙提出的相应安排不同，雪佛龙在并购计划中打算解雇优尼科公司员工。再次，中海油还提出愿意劝说优尼科的执行管理层加入合并后的公司，继续担任管理工作。最后，中海油主动向 CFIUS 提交审查通知，较详细地通告了拟议交易，声明愿意与 CFIUS 充分讨论交易条款并协商降低安全风险措施，配合 CFIUS 审查程序，以证明自己发起的这场交易纯属商事交易，没有夹杂政治背景。

即便中海油做出了积极坦诚的配合姿态，美国华盛顿方面仍争议声不断。就在中海油发起并购竞价一周后，国会就明确表示对这场拟定收购持保留意见，将通过立法挫败或至少延期这项交易。

2005 年 6 月 30 日，国会众议院加州议员代表向众议院提交国会 344 号决议，决议以 398：15 的压倒性票数通过。该决议主要内容为：众议院认为中海油掌控优尼科公司后，将采取行动对美国国家安全造成损害；并要求总统在优尼科同意中海油的并购方案时，立即阻止或延迟拟议交易权。当天，参议院通过参议院 431 号修正案，修正案决定削减 CFIUS 的行政经费，以防止财政部因为批准中海油并购优尼科而花费一分钱。

2005 年 7 月 15 日，国会参议院代表提交联合决议议案，旨在阻止中海油并购优尼科，该议案历陈数条阻止交易的理由：石油与天然气属于关乎国家安全的重要战略财产；中国政府对中海油母公司拥有 70% 股份；此次并购交易的资金来源有相当部分是中国政府所有的银行提供的贷款；优尼科的战略财产将被中国政府优先供给中国市场；依照中国法律，美国政府与美国投资者不能通过并购拥有中国能源公司的绝对控制权，如果美国政府同意此次并购，则有违对等互惠原则。

2005 年 8 月 8 日，参议院 6 号决议能源法案通过并签署，成为美国能源法一部分。法案包含的一项条款是，在中海油收购案批准通过之前，国防部与国土安全部要开展围绕中国能源需求，以及中国日益增长的能源需求对世界政治、经济及国土安全产生的影响的研究，研究预计为期 4 个月。该法案的一名立法人员承认，设立这一条款的目的是阻碍中海油并购成功。[1]

美国国会对中海油案的重重阻挠使公众对于这场并购也逐

---

[1] Joshua W. Casselman, "China's Latest 'Threat' to the U. S. : the Failed CNOOC – UNOCAL Merger and Its Implications for Exon – Florio and CFIUS", *Ind. Int' l & Comp. L. Rev.* 17 (2007), 163.

渐产生了关注，迫于种种政治压力，中海油于 2005 年 8 月 2 日主动撤销了并购竞价。在这起收购案中，布什总统则保持从头到尾的缄默。2005 年 7 月 17 日布什曾指明自己在中海油收购案中的立场："我们政府有既定程序分析这类并购或是并购背后的意图，我最好让这个分析程序继续推进且不做任何评论。"[1]

关于主动撤销竞价，中海油发言人说道，美国的政治环境使中海油公司难以预料这场交易有多少成功胜算，政治压力对交易成功产生了难以预测的风险。在中海油退出竞争后，雪佛龙提高收购竞价到 170 亿美金，继而优尼科 70% 的股东同意将公司出售给雪佛龙。十分讽刺的是，在这场遭到国会史无前例反对的并购案件中，作为外资收购安全审查机构的 CFIUS 根本没有机会行使自己的职责，即进行 45 天的正式调查。

（2）评析。中海油试图并购优尼科的行为显然点燃了国会中一些立法者的保护主义情怀。中海油并购案的失败催生了一系列针对外资收购安全审查的议案。这些议案中有提议扩展"国家安全"定义的；有提议增强国会参与安全审查并增加国会阻止某些外国投资类型权限的；有要求改变 CFIUS 结构的等。判断这些议案是否合理，均基于对一个问题的回答，即美国国会对中海油并购竞价的阻碍是否合理。

优尼科在北美外 8 个国家有石油、天然气公司，即泰国、印度尼西亚、孟加拉、缅甸、荷兰、阿塞拜疆、刚果和巴西。优尼科在北美业务主要集中于墨西哥湾、加拿大和阿拉斯加。

---

〔1〕　Todd Bullock，Katie Xiao，"Bush Administration Says Review of Chinese Unocal Bid Premature"，July 19，2005，http：//usifo. state. gov/eap/Archive/2005/July 119 - 919521. html.

即便算上优尼科所有跨国资产，它在美国也仅为第九大石油公司，未能进入世界石油或天然气公司前 40 强。优尼科集团在2004 年营业总额为 82 亿美金，这样的营业总额在美国仅相当于一家大型的能源生产公司，难以和美国任何一家主要跨国石油集团年度营业额媲美，而且优尼科有 70% 的探明石油、天然气储备均分布于亚洲和里海地带。优尼科没有向美国市场进口过原油，因为它在美国根本没有一家冶炼厂。优尼科在美国国内日产石油 5.8 万桶，这少于美国国内石油日产总量的 1%。

总而言之，优尼科集团在美国的石油与天然气世界本是一个不太重要的角色。因此优尼科集团被国会视为美国"战略性财产"就显得牵强。即便中海油与优尼科合并成功，合并后的中海油 – 优尼科年天然气生产量也仅为美国年消费量的 1%，而石油年生产量仅为美国年度消费量的 0.3%。

当然这些简单的数字只能反映该交易具体影响，难以描述多项此类交易累积对美国国家安全可能产生的影响。但 CFIUS通过外资并购个案审查完全可以评估个案国家安全，减轻个案国家安全威胁，这可以从总体上减轻累积影响。

国会有些议员认为优尼科不仅能给中海油带来宝贵的石油、天然气资产，还能给中国带来军民两用技术。这些议员认为优尼科拥有深海勘探与开采的敏感技术，这些技术既可以用于商事，也可用于军事。即便如此，CFIUS 也会通过国家安全审查程序调查与评估：①优尼科是否真的拥有这类两用技术；②如果拥有，优尼科被并购后，是否会影响美国在该技术领域的先进性，是否会影响美国国家安全；③如果存在国家安全威胁，中海油是否能够达成有效的风险缓和协议。这些应当调查与评估的问题在本案中均未能完成,这是因为国会积极采取了系列阻止并购行为,CFIUS 根本没有机会进行 45 天的正式调查与评估。

国会议员提出中国法律不允许美国收购中国的能源公司。事实上,2005 年中国法律规定,美国投资者如果想投资能源领域,需要与中国公司合作,并只能持有少数合作股,这并不是像国会所想象的那样属于外国投资"单行道",即中美外资在东道国享受待遇不互惠、不对等。就立法本身而言,一方面,中国法律从未禁止美国公司投资中国的能源领域;另一方面,在中国改革开放 30 多年历程中,中国秉持相对开放的外资政策,尤其是加入 WTO 后,中国一直致力于改善国内外商投资环境。2004 年,美国是仅次于香港的中国第二大投资经济体。2004 年,美国直接投资占外国来华直接投资总额的 8.5%。同年,美国公司在华直接投资为 600 亿美金;而中国公司在美投资为 20 亿美金。美国通用集团、福特集团在中国大陆均有数家大型生产公司;美国安海斯布希公司并购了中国历史最悠久的大型啤酒生产商哈尔滨啤酒公司;美国银行持有中国最大的抵押贷款公司 10% 的股份。这些事实均充分说明,中国外资开放政策虽然不像美国那样彻底,但确实在不断改善,绝不是国会一些议员所认为的中美经济关系"单行道"。

美国国会对中海油并购案的干预并不合理,它并不是出于"国家安全"考虑,更多是出于盲目的保护主义情绪。就像国会代表 Tom Tancredo 所说:"中海油并购交易虽小,但这类交易反映出美国人向当年对待中东能源经纪商一样,对中国能源商也同样有抵触情绪。[1]"

（3）催生改革。中海油并购案引起美国国会广泛关注。现行《埃克森－弗洛里奥修正案》是否能为外资并购美国基础设施及关键产业提供充分保护已成为国会十分关注的问题。应印第安纳州参议员代表、阿拉巴马州参议员代表、马里兰州参议员代表要求，GAO于2005年9月对CFIUS审查程序有效性问题提交调查评估报告。

GAO报告中总结妨碍《埃克森－弗洛里奥修正案》有效性的原因有两大方面：首先，作为CFIUS委员会主席的财务部部长对"构成国家安全威胁"的界定过于狭窄。其次，CFIUS因为担心对外国投资的潜在负面影响与美国外资开发政策相冲突，常不愿启动45日正式调查程序。[2]

GAO报告对第一个问题作出如下评价：财务部并未能充分考虑《埃克森－弗洛里奥修正案》所列举的广泛影响国家安全的审查因素，而仅仅将其界定于"被控制出口的技术或物品，机密合同，关键技术等"。报告认为财务部对于国家安全的界定并不能对关键基础领域、国防安全供应领域、美国技术优先性保持提供充分而灵活的保护。相比较而言，研究表明国家司法部、国防部、国土安全局均对"国家安全"进行了更为广泛的

---

〔1〕 Joshua W. Casselman, "China's Latest 'Threat' to the U. S. : the Failed CNOOC – UNOCAL Merger and Its Implications for Exon – Florio and CFIUS", *Ind. Int'l & Comp. L. Rev.* , 17 (2007), p. 165.

〔2〕 GAO, "Enhancements to the Implementation of Exon – Florio Could Strengthen the Law's Effectiveness", GAO – 05 – 686, 5 (2005).

界定，将带来一些潜在安全威胁的并购交易涵盖在内。[1]

GAO 报告对第二个问题作出如下评价：从 1997 年到 2004 年，CFIUS 共计收到申请调查通知 470 例，但仅发起 8 次 45 天正式调查。报告认为这一数据印证了关于 CFIUS 避免正式调查的想法。调查发现，CFIUS 领衔机构——财政部运用了严格标准作为启动正式调查的前提：①必须存在可信证据表明外国收购方可能采取行动威胁国家安全；②没有其他法律能够恰当或充分地保护国家安全。[2]

这一启动调查标准与法案为总统作出延迟或禁止外国收购决定提供的标准相同。但是，依据 GAO 报告，启动调查不应当运用这两项标准，法案为 CFIUS 提供的启动标准十分宽泛：可启动调查决定（交易）对国家安全的影响。

GAO 还对 CFIUS 审查程序中的初审 30 天期限表示担心。GAO 认为 30 天时间太短，CFIUS 成员难以搜集足够的必要信息决定是否启动正式调查；也难以在如此短时间内协商达成缓和威胁协议。CFIUS 在时间紧迫的情况下，会以启动正式调查为由要求公司先撤回通知。但撤回之后，外国公司因缺乏动力及监督力去真正解决安全问题，可能不会再次填报审查通知便直接进行再一次并购交易。[3]

GAO 根据发现的主要问题，提出若干建议。首先，建议国

---

〔1〕　GAO, "Enhancements to the Implementation of Exon – Florio Could Strengthen the Law's Effectiveness", GAO – 05 – 686, 5 (2005), p. 11.

〔2〕　GAO, "Enhancements to the Implementation of Exon – Florio Could Strengthen the Law's Effectiveness", GAO – 05 – 686, 5 (2005), p. 13.

〔3〕　GAO, "Enhancements to the Implementation of Exon – Florio Could Strengthen the Law's Effectiveness", GAO – 05 – 686, 5 (2005), p. 16.

会修改《埃克森－弗洛里奥修正案》，为决定是否存在国家安全潜在威胁开列考虑要素清单。其次，为减缓调查时间过短带来的调查压力，建议取消初审与正式审查的差别，直接将审查时间定为 75 天。最后，报告建议国会要求 CFIUS 定期向国会提交报告以增强 CFIUS 程序透明性及强化国会对 CFIUS 的监督。[1]

对于 GAO 的这份调查发现及建议，财务部基本上表示了不同观点，并同时坚持认为 CFIUS 的现有结构和政策已经对《埃克森－弗洛里奥修正案》进行了有效执行，有力维护了国家安全。财政部认为，任何政府机构均可以向 CFIUS 提出与国家安全可能相关的收购交易，并要求 CFIUS 予以审查，但与 GAO 调查相反的是，没有任何一个机构向 CFIUS "界定" 国家安全。财政部认为，CFIUS 考虑交易是否构成国家安全威胁时，坚持运用极其宽泛的考量因素而并非 GAO 认为的严格审查标准。财政部认为，财政部虽是委员会主席，但是委员会是跨机构组织，CFIUS 所有决定均在委员会成员协商一致基础上作出。GAO 所指出的不同机构之间对构成国家安全威胁考量因素的不同意见仅为 CFIUS 在考虑外国并购交易过程中争论的副产品，并不能视为 CFIUS 审查程序的根本缺陷。财务部还表示，CFIUS 将继续坚持以交易是否 "涉及关键基础设施" 作为确定国家安全威胁的主要考量因素，并拒绝提高调查程序的透明性以保障外国投资者商业机密信息安全。[2]

---

〔1〕 GAO, "Enhancements to the Implementation of Exon－Florio Could Strengthen the Law's Effectiveness", GAO－05－686, 5（2005）, p. 21.

〔2〕 GAO, "Enhancements to the Implementation of Exon－Florio Could Strengthen the Law's Effectiveness", GAO－05－686, 5（2005）, p. 22.

虽然财政部对 GAO 调查报告的观点不以为然，但随着这份报告提交国会，国会参众两院纷纷收到不少支持 GAO 报告观点的议案。比如参议院议员 Shelby 在议案中建议：赋予国会出于国家安全考虑，即便在总统不愿拖延或阻止某并购交易时，也可直接拒绝外国公司收购的权力。还有一些较为激进的议案，如赋予国会决定否决权，对 CFIUS 作出的任何一项拟议交易决定均有权否决；如将"国家安全"概念拓宽到关键基础设施、经济安全及能源需求；如要求 CFIUS 审查每一次交易后均需向国会提交报告；又如将 CFIUS 主席换为国防部、国土安全部或商务部部长等。[1]

在众多议案中较具影响力的为 2005 年 9 月 Inhofe 参议员提交的 1797 号议案。该议案对《埃克森－弗洛里奥修正案》提出一些具体的改革建议：①应添加能源资源、经济安全作为国家安全威胁的考量因素；②在总统决定不予拖延或禁止某并购案时，授权国会可通过联合法案的形式在总统决定后 10 天内禁止并购交易；③将 CFIUS 的初审期限从 30 天延长到 60 天；④要求 CFIUS 应同时向国会和总统提交交易调查的发现与建议；⑤分别赋予国会的银行委员会、住房与当地事务委员会要求 CFIUS 启动正式调查的资格；⑥要求财务部部长每季度向前述两个委员会提交报告，报告中应对 CFIUS 调查的每一起并购、收购或接管交易进行详细总结，并预告下一季度可能发生的并

---

〔1〕　Joshua W. Casselman，"China's Latest 'Threat' To the Unite States：The Failed Cnooc－Unocal Merger And Its Implications For Exon－Florio And Cfivs"，*Indiana International And Comparative Law Review*，2007，p. 171.

购案件。[1]

对于国会提出的所有修改提案，布什政府均表示反对，并声明现行外资收购安全审查程序运行良好，审查制度执行效果良好。另外，美国 11 家大型商业组织也积极表示支持布什政府的立场，并就自己观点在国会提案听证会中作证。[2]

3. 迪拜港口世界公司并购伦敦半岛东方公司案

迪拜港口世界公司（Dubai Port World，简称 DPW）是一家为迪拜政府所有的经营集装箱业务的公司。2005 年 10 月，DPW 与新加坡一家港口运营商竞购英国伦敦半岛东方航运公司（Peninsular & Oriental Stream Navigation Co.，简称 P&O）。P&O 掌握美国纽约州、新泽西州、费城、巴尔的摩、新奥尔良等地的海港经营权。2006 年 2 月 10 日，DPW 以 68 亿美金出价赢得竞购。DPW 收购业务一部分——美国 6 个城市海港经营权使得该项交易落入美国外资收购安全审查范围。DPW 向 CFIUS 主动提交了它的安全审查通知。经过 30 天的初审，CFIUS 于 2006 年 1 月通过了并购申请。作为通过初审的条件，DPW 与 CFIUS 协商一致，DPW 将公开自己的会计账簿，并承诺保持美国港口管理原封不动。

2006 年 2 月起，DPW 并购案开始引起高度政治关注，并被认为对美国国家安全存在威胁，因为美国发现两架"9·11"劫持飞机及劫持者在进行"9·11"恐怖活动前曾在迪拜银行开立账户并办理过结算业务。时任参议院国土安全委员会主席 Peter

---

[1]　§.1797, 109th Cong.（2005）.

[2]　Richard S. Dunham, "Keeping America Safe—From Foreign Buyouts", *Bus. Wk. Online*, Oct. 24, 2005.

King 指责 CFIUS 没有彻底调查这场交易，尤其没有调查过 DPW 是否存在恐怖分子。国会还预备通过议案延迟或阻止该项交易。面对国会的激烈反对，布什总统明确回应坚决支持该项交易，并表示会对任何反对这项交易的议案作出否决。布什政府认为，阿拉伯联合酋长国（UAE）自"9·11"发生以来一直是美国强有力的盟友。美国海军在迪拜港口进行集结，美国空军用 UAE 的飞机场向伊朗、阿富汗发射导弹。如果没有 UAE 的支持，美国在这一地域的军事展开将被严重限制。

然而面对来自立法者的激烈反对，DPW 同意延迟并购，并接受 CFIUS 的 45 天正式调查，以减轻国会对该项交易产生国家安全威胁的担忧。DPW 对安全审查的配合未能赢得国会态度的缓和。2006 年 3 月 8 日，国会众议院以 62：2 的票数通过决议，禁止 DPW 经营美国海港。3 月 9 日两院代表共同通知布什总统，国会将阻止 DPW 港口并购协议执行。最终，DPW 迫于国会压力，宣布将 6 个港口的经营权出售给美国公司。

4. 修改议案的提出与 FINSA 的通过

国会对 CFIUS 审查制度的关注并没有因为 DPW 的主动退出而终结，反而加快了立法改革的步伐。2006 年 3 月 7 日，参议员 Dodd 提交议案，要求添加国家情报局主任和 CIA 主任成为 CFIUS 成员；要求 CFIUS 在完成每一个并购交易审查的每一步骤后，均需向国会发出通知等。此议案提出后，其他议员也都纷纷提交议案，议题围绕着美国港口安全和其他关键基础设施安全展开，这些议案具有一个共识："9·11"事件后，《埃克森－弗洛里奥修正案》应当予以修改和调整。考察这些议案可得知，议案改革内容大致可分为几条主线，一条是强制性要求

CFIUS 在调查或作出决定之前通知国会，且赋予国会对 CFIUS 决定的否决权。如 H. R. 4929 号议案提议：被 CFIUS 批准的交易应通知国会，如果国会不同意，则有 30 天期限通过两院一致决议来否决该项交易。改革的另一条主线是将 CFIUS 的领导权从财政部这样较为关注经济发展的联邦机构，转移到较为关注国家安全的机构。如 H. R. 4917 号议案中提出：应将 CFIUS 的领导权从财政部转到国土安全部。S. 2380 号议案要求：增添国家情报局主任和 CIA 主任为 CFIUS 新成员；且增设 CFIUS 副主席职位，由国土安全部部长和国防部部长担任。还有议案要求：增加总统批准外资并购交易的条件，提高外资并购交易获批难度，对 CFIUS 和总统施加更大的政治压力。如 H. R. 4814 号议案提出：禁止外资在美国境内并购美国公司，除非总统认为没有可靠证据证明外国利益方可能采取行动危害美国国家利益。

在众多议案被提出讨论后，109 届国会参众两院一致同意剔除上述议案中较为苛刻的条款，保留两大改革主线：①增设 CFIUS 成员及增加 CFIUS 向国会报告步骤。109 届参众两院还计划通过立法要求由外国政府控制或涉及外国政府的并购均需启动正式调查。②预备在法条中重申"国家安全"概念，将关键基础设施纳入概念中。最终上述 109 届国会提出的立法建议均未获通过，因为参众两院就具体法条协商时间过长，随着 2006年 12 月的到来，109 届国会任期届满。110 届国会由民主党取代共和党成为多数党。

110 届国会继续加紧对外资并购安全审查制度的立法改革。在国会第一次会议中，众议院就提交了 H. R. 556 号议案——《2007 国家外资安全改革与强化透明度法案》，该议案提出后于

2007 年 2 月 28 日获得众议院全票通过。随后参议院提出 S. 1610
议案——《2007 年外国投资与国家安全法案》，并于 6 月 29 日
获得通过。7 月 11 日，众议院投票通过参议院议案，7 月 26 日
布什总统签署，最终实现《2007 年外国投资与国家安全法案》
（The Foreign Investment and National Security Act of 2007，简称
FINSA）立法通过。该法案作为美国《1950 年国防安全生产法》
第 721 节通过，实现了对《埃克森－弗洛里奥修正案》的修改
与完善。

二、实体制度

FINSA 与《埃克森－弗洛里奥修正案》相比，对外资并购
安全审查制度进行了大幅的修改、扩充与完善。FINSA 增加法
条至 14 条，较以前新增 6 条，法条具体内容被充实。在实体制
度方面，FINSA 的新发展体现为：CFIUS 执法地位法律化、国家
安全审查范围拓宽、国家安全审查考虑因素增多。

（一）审查机构

1. 审查机构法定化

2007 年 FINSA 正式确立 CFIUS——这个基于总统授权而产
生的跨部门行政机构的法定地位。FINSA 直接赋予 CFIUS 法定
职权：负责该法的实施执行。[1] CFIUS 作为跨机构委员会，法
定成员包括财政部部长、国务卿、国土安全部部长、国防部部
长、总检察长、能源部部长、劳工部部长、国家情报局局长在
内 9 名。总统如果认为有必要，可以另行增加成员。9 名成员中

---

〔1〕　50 App. U. S. C. A. §2170（b）（1）（A）.（2007）.

前 7 名为有投票权成员，后 2 名为参与成员，无权投票。FINSA
对 CFIUS 的地位法定化、成员法定化体现了国会对 CFIUS 干预
的加强。CFIUS 不再是仅服从总统领导的授权机构，而成为接
受国会监督的执法机构。

依据 FINSA 对总统的授权，总统有权以行政命令的方式新
增 CFIUS 成员。2008 年总统 13456 号行政命令新增成员有：美
国贸易代表、科技政策办公室主任、总统或财政部部长在某具
体个案中所指定的其他部门负责人。[1] 13456 号行政命令新增 5
名观察员：管理与预算办公室主任、经济咨询委员会主席、总
统国家安全事务助理、总统经济政策助理、总统国土安全和反
恐事务助理。观察员仅在适当时候参加委员会活动，不参与投
票，并向总统汇报工作。

CFIUS 的主席仍然是财务部部长，但新增加了财务部部长
助理职位，负责监督 CFIUS 事项。该职位负责人由总统任命，
且须获得参议院同意。[2]

2. 设置牵头机构

依据 FINSA 规定，每一个需审查的并购交易在 CFIUS 审查
前，财政部均须依据个案情况指定一个或数个成员部门作为牵
头部门，专门负责具体并购个案的审查。[3] 牵头部门的指定需
基于机构自身专业特色及案件类型综合决定；负责个案审查全
过程，包括但不限于：负责缓和协议谈判或设定其他保护国家

---

〔1〕 Ex. Order 13456；Further Amendment of Ex. Order 11858 Concerning Foreign Invest-
ment in the U. S. §3 (b). 73 F. R. 4677.

〔2〕 Foreign Investment and National Security Act of 2007 S3.

〔3〕 50 App. U. S. C. A. §21790 (k) (3). (2007).

安全的条件；负责修改交易实质内容并将修改内容报告给美国情报局局长、司法部部长等与修改有实质利害关系的机构领导；负责监督和执行交易调查工作。

除 CFIUS 主席外，再设定专案牵头部门，一方面是因为每项审查交易需要不同机关提供具体专业知识进行分析；另一方面也反映出国会对于财政部主持 CFIUS 工作的不满，通过设置牵头部门对财政部进行内部制衡。

（二）审查对象

要确定一项并购交易是否属于 CFIUS 的审查对象，与三个核心概念密不可分：控制、外国人、美国人。FINSA 对"外国人"和"美国人"概念基本沿用了《埃克森－弗洛里奥修正案》的规定，但是对于"控制"概念作出更明确的界定。同时，为配合 FINSA 的实施由财务部制定的《2008 细则》，突破性地对于交易管辖范围予以明晰。

1. 控制

细则中将"控制"界定为：通过拥有一个企业的多数股份或占支配地位的少数股份、在董事会中占有席位、代理投票权、特殊股份、合同安排、正式或非正式的协调行动安排或其他方式，而能够直接或间接决定公司的重要事项的权力。所谓重要事项权力包括但不限于：①出卖、出租、抵押、质押或以其他方式转让企业主要有形或无形资产（无论是否通过正常商业途径转让）；②企业重组、并购、解散；③企业关闭、迁址、转产；④主要开销或投资、发行股票和债券、支付红利、批准预算；⑤选择新的行业或业务；⑥订立、终止或不履行重要合同；⑦处理非公共技术、金融或其他专业信息的政策或程序；⑧高级管理人员的任用或解聘；⑨任命或解聘能接触敏感技术或美国政府机密信息的雇员；⑩修改公司章程、选举权协议或其他组织文件。[1]

在"控制"的概念界定中，《2008 细则》在第 800.204 条中规定少数股东行使的维权性保护措施不构成该法所说的控制。法条列举的少数股东保护措施包括：①阻止出卖或质押企业全部或大部分资产的权利；②阻止企业同其大股东或其关联企业订立合同的权利；③阻止企业为其大股东或其关联企业提供担保的权利；④在企业增发时购买额外股份以避免其按比例权益被稀释的权利；⑤有权阻止改变小股东所享有的法定权利及公司文件规定的优先权；⑥阻止修改企业章程、选举权协议或其他涉及上述 5 项组织文件的权利。

《2008 细则》对"控制"外延的列举较为周详，规定情形后多附有举例，以便法条更好运用。附举例式的列举方式使复杂而重要的"控制"概念不仅能较好运用于大股东的控制认定，还能较好运用于多个外国人同时持有同一美国人股权时的控制权认定。细则排除了少数股东行使保护措施需要接受 CFIUS 安全审查，能较好保护少数股东权利。相对大股东而言，少数股东本就属于公司中的弱势群体，现实中少数股东自保性维权本就复杂而困难，而外国少数股东如果在行使保护措施维权时还需接受 CFIUS 的审查，则会导致外国少数股东权利保护难上加难。

2. 受管辖交易范围

FINSA 突破《埃克森－弗洛里奥修正案》直接规定了"受

---

〔1〕 31 C. F. R. §800.204（a）.（2008）.

管辖交易"（Covered Transaction）概念。依 FINSA 第 2 条第 4 款规定，CFIUS 有权进行审查或调查交易类型，即无论交易发生在美国境内、境外，无论交易规模标的额大小，只要可能导致美国企业由外国人控制，该交易便属于管辖范围。

为使 FINSA 的这一概念更为明晰和可操作，《2008 细则》通过列举的方式明确了哪些交易确定属于管辖范围，哪些确定不属于。

依据《2008 细则》第 800.301 条的规定，"受管辖交易"包括但不限于：①不论交易如何安排公司控制权，只要该交易导致或可能导致外国人控制美国企业，就需接受 CFIUS 审查。②针对美国公司的控制权，由原外国人转让给另一个外国人的并购交易。如迪拜港口并购案中，被并购的航运公司本身是英国公司，但是并购交易涉及美国城市港口经营权，这样的交易也需接受 CFIUS 审查。③并购交易造成或可能造成外国人控制美国企业资产。对美国企业资产的控制并不仅指外国人控制美国人的物质设施，它应当包括大量使用美国人的技术，不含伴随设施进行销售的技术；或是大量使用美国人并购前的员工。④通过协议或其他形式，组成合资企业，包括通过协议建立一个新的合资企业，而合资方投入合资企业的资产源于美国人，外国人会通过该合资企业来控制美国人。

依据 FINSA，外国人控制美国人的情况中，新建投资和房地产投资并不属于该法管辖范围。细则通过第 800.302 条列举了明确不属于管辖范围的交易，包括但不限于：①股权分配或按股权比例分配股息，但并未涉及控制权变化。②一个外国人取得美国一家企业已公开发行的 10% 以上具有表决权的股票，且该并购交易仅以单纯投资收益为目的。无论该项交易涉及的实质金额数量多少均不受 CFIUS 管辖。所谓单纯投资收益目的，是指除了投资收益外，外国人没有计划或意图控制美国企业，不会培养控制意图，更不会采取措施实现投资收益目的之外的意图。③获得美国资产或实体的一部分，这一部分并不是一个美国企业。④法人作为证券承销商在正常的商业及承销行为中购买证券的行为。⑤正常商业行为中所订立的保险合同，依据合同中有关诚信、担保或损害赔偿义务进行收购。

《2008 细则》较《1991 条例》，将"仅以投资为目的"修改为"仅以消极投资为目的"，突出了 CFIUS 安全审查对外资投资目的的强调与重视。重视外资投资目的与《2008 细则》出台背景有关，该细则出台时恰逢外国主权财富基金并购美国企业的兴起，CFIUS 希望通过该细则规定能够减少外国主权财富基金对美国企业的直接或间接并购所产生的国家安全威胁。

（三）审查标准

1. 国家安全考虑因素

并购交易方需要考虑两个问题来决定自己是否需要向 CFIUS 提交通知并接受审查：①并购交易是否会造成任何一个参与美国跨州际企业的控制权转移；②并购交易是否可能对"国家安全"造成威胁。第一个问题围绕"控制"概念展开，第二个问题则围绕"国家安全"概念展开。"国家安全"概念是 FINSA 审查标准的核心。

FINSA 像《埃克森－弗洛里奥修正案》一样，未对"国家安全"作出定义。考察美国外资并购安全审查制度的立法史可知：国会认为法律不应对"国家安全"作出明确界定，而是应当给予其灵活、宽泛的考虑因素，没有明确定义可以保持立法制度的相对开放。

在《埃克森－弗洛里奥修正案》提出的5点"国家安全"考虑因素的基础上，FINSA于法条第2条第5款提出"国家安全"包含与"国土安全"相关的情况，并在原有5点考虑因素之上新增6点：①针对包括主要能源资产在内的美国关键基础设施并购，要考虑该并购交易对相对国家安全的潜在影响。②针对美国关键技术的并购，要考虑该并购交易相对国家安全的潜在影响。③外资并购交易是否由外国政府控制。④考虑针对以下各方面进行国家安全审查，特别是针对外国政府控制的并购交易审查：其一，要考虑并购方所属的外国政府与防止核扩散国家的国际关系，包括条约和多边指导方针；其二，要考虑并购方所属的外国政府与美国政府的国际关系，尤其是两个国家在反恐方面的合作情况；其三，要考虑军事技术转移的潜在可能性，包括考虑和分析美国出口管制法。⑤要考虑对美国所需的能源资源及其他关键性资源、原材料的长远预测。⑥总统或CFIUS认为的其他合理因素。

上述6点新增因素，除了最后一点为兜底条款赋予总统和CFIUS自由裁量权外，前面5点因素均可被理解为国家经济性安全因素。FINSA没有直接将保障国家经济安全写入法律，而是采用考虑重要经济性安全因素的方式来权衡美国经济安全。采用权衡做法的部分原因是美国作为超级经济大国的地位及长期秉持外资开放政策的历史，使得它不愿直接将经济安全写入立法，但为满足国会经济安全保护的呼声，FINSA采用了这种折中的立法手段。

第一个新增要素中所指的"关键基础设施"被 FINSA 界定为：对美国至关重要的任何实体或虚拟系统及资产，若不能正常运转或遭到损害将影响国家安全。[1] 在《2008 细则》中，对关键基础设施作出进一步明确：认定外资对关键基础设施的控制应基于交易涉及的具体系统或资产，而不是宽泛意义上某一类资产。[2] 这就意味着，外资并购交易如果涉及某一类关键基础设施时，CFIUS 会进而审查判断其控制某一具体设施是否会有损国家安全。

第二个新增要素中所指的"关键技术"被 FINSA 界定为：依据 FINSA 确定的，与国防相关的关键技术、关键零部件、关键技术子项。依《2008 细则》，关键技术被进一步界定为：①《国际武器贸易条例》所含《美国军需品清单》中所列国防装备或国防服务；②受多边框架管制（如由于国家安全、生化武器扩散、核不扩散或导弹技术等原因）或由于地区稳定或侦听原因受到管制，被列入《美国出口管理条例》、《商品管制清单》中的物品；③《外国能源活动协助条例》及《核装备和核材料进出口条例》中所列核装备、核设施及核资料、软件和技术；④《受管制生化条例》所列受管制生化品。[3] 这些条款足见美国外资并购安全审查制度对保护军事技术先进性的高度重视。美国国会每年都会批准大量的财政预算用于高科技武器的研发，这些武器不仅供美国使用，还会出于外交和经济原因出售他国，而高端武器出售他国可能遭遇逆向工程和非法出口等

---

[1] 50 App. U. S. C. A. §2170 (a) (6). (2007).

[2] 31 C. F. R. §800. 208. (2008).

[3] 31 C. F. R. §800. 209. (2008).

问题。FINSA 和《2008 细则》的规定体现了立法在美国的外交、经济利益与国家安全、军事技术先进性之间作出的折中。

第三个新增要素"外国政府控制交易"被 FINSA 界定为：可能会导致外国政府或其控制的实体或其代表对在美国从事州际商业活动的人形成控制权转移的交易。这一界定在《2008 细则》中未给出进一步的澄清。对"外国政府控制交易"这种宽泛性解释会在运用中给部分企业外资并购带来麻烦。例如，我国国有企业经过多年市场化改革，大多已经成为独立的市场主体。但是 CFIUS 安全审查程序会因为这些企业的历史及与政府间关系而对其启动更为全面而严格的审查。

2. 国家安全与行业领域

美国财政部在《2008 细则》颁布后，颁布了世界上第一份外资并购安全审查指南。这份指南的目的并非为 CFIUS 提供外资并购安全审查的总体分析框架，而是以 CFIUS 多年的审查经验为基础，为外资并购交易方决定是否需要向 CFIUS 发出审查通知及如何正确填写审查通知提供参考。因为并购交易方在考虑是否需要递交审查通知时，主要考虑该项交易是否会对 FIN-SA 及《2008 细则》保护的"国家安全"产生威胁。为了帮助交易方判断，指南对容易产生国家安全威胁的交易类型进行了详细总结。

CFIUS 首先指出在审查并购交易时，需要分析个案事实和交易具体环境来判断国家安全因素在并购交易中的体现，这意味着即使属于指南所总结的行业领域，也不一定涉及甚至威胁国家安全。

依据 CFIUS 多年审查经验，指南将国家安全问题分成两类情况予以分析：一为因被并购的美国产业属性产生的安全问题；一为外资并购者身份产生的安全问题。

CFIUS 在安全审查中强调的是交易产生的国家安全风险问题，并不将交易所涉及的行业领域作为重要的判断依据。因此，CFIUS 并不刻意审查任何一个具体的美国商业领域，在 CFIUS 收到和审查的自愿通知中，涵盖了形形色色的美国产业部门。在 CFIUS 审查的大量交易案中，产生国家安全隐患的相当数量案件是由于被并购的美国企业为美国政府供应商。美国企业作为主要合同商、分包商或作为主要合同商的产品供应商，向美国联邦政府、州政府或地方权力机关提供产品或服务，不限于其是否为唯一供应商。作为政府供应商而产生国家安全隐患的美国企业通常包括：与国防安全、国家安全相关的执法部门有合同关系；或涉及武器、弹药制造，航空、雷达等生产。[1]

作为主要合同商的企业还有可能因为向美国政府提供涉及众多政府部门产品、服务而产生国家安全隐患。这些产品与服务包括：信息技术、通信、能源、自然资源、工业产品等影响美国政府部门国家安全职能或易于遭受破坏、间谍威胁的系列产品与服务。[2]

还有些被并购的美国企业未与美国政府存在供应合同关系，而仅因为本身运营业务或提供产品、服务属性而导致接受 CFIUS 的安全审查。CFIUS 对以往审查案例总结，发现这些美国企业

---

[1] Department of the Treasury, Guidance Concerning the National Security Review Conducted by the CFIUS, F. R. Vol. 73, No. 236, 2008, p. 74571.

[2] Department of the Treasury, Guidance Concerning the National Security Review Conducted by the CFIUS, F. R. Vol. 73, No. 236, 2008, p. 74571.

主要是：①处于能源产业某一环节，从事自然资源开采、运输，或从事自然资源与能源之间的转换，或向美国政府及居民消费者供应能源。②对美国运输系统具有重要影响，从事海运、港口运营、航空维护、修理等服务。③在金融系统有重要影响或直接影响。④运营涉及重要基础设施，如能源资产。依据 FINSA 和《2008 细则》规定，交易是否涉及重要基础设施需通过个案审查方式，参考交易资产重要性判定。⑤所研发、生产的高科技产品具有两用性：既可用于商业生产，也可用于军事。⑥从事的研发、生产活动，技术、物资、软件销售及提供的服务等属于美国出口管制范围。[1]

外资并购交易中另一个易导致国家安全隐患的原因是外资并购者身份。FINSA 和《2008 细则》将外国人身份列入国家安全考虑因素，并特别指出当外国政府控制交易时应重点考虑国家安全问题。CFIUS 的审查案例也表明外国政府控制的收购交易属于审查对象，并容易涉及国家安全问题。

《2008 细则》将"外国政府控制的交易"定义为：任何会导致外国政府或其控制及代其行事的人对美国企业形成控制的交易，如外国政府机构、国有企业、外国主权基金、政府养老基金等。[2]

虽然外国政府控制已明确被列入国家安全考虑因素，但CFIUS 在指南中强调外国政府控制交易事实本身并不说明交易

[1] Department of the Treasury, Guidance Concerning the National Security Review Conducted by the CFIUS, F. R. Vol. 73, No. 236, 2008, p. 74570.

[2] Department of the Treasury, Guidance Concerning the National Security Review Conducted by the CFIUS, F. R. Vol. 73, No. 236, 2008, p. 74571.

足以产生国家安全威胁。像其他所有并购交易一样，CFIUS 会在考虑所有与国家安全相关的事实基础上，先评估外国人控制美国企业后采取危害国家安全行动的可能性；再评估外国人实际采取行动的可能性。基于 CFIUS 的审查经验，会重点考虑：①依据外国投资者的投资管理政策在多大程度上其投资决定为纯商业性。②在实践中外国投资者的管理及投资决定实施多大程度上不受外国政府干扰，包括：是否具有确保投资公司独立的治理机构；投资目的、目标、组织管理及财务信息的透明性与公开性。③外国投资公司遵守东道国法律法规及披露规定的程度。[1]

　　除了外国政府控制交易，在特殊情况下公司重组也可能被 CFIUS 审查。公司重组只是重新组合公司结构以达到法律、财务或其他商业目标。CFIUS 对公司重组一般不予审查。即使公司重组导致另外一个外国投资者成为美国企业的中间母公司，获得美国企业控制权，但这一重组并未改变美国企业的终极母公司，因此不会产生国家安全隐患。当然现实中也有少数例外情形存在。指南举例说明特例情形：C 公司拥有两个全资子公司 A 和 B。A 和 B 均为外国公司。美国企业本属于外国公司 A 旗下，后转移为 B 所有。此时虽然美国公司的终极母公司仍为 C，但是 B 公司作为新的中间母公司使得美国企业在组织管理、策略、人员上均发生改变。这些改变使 CFIUS 认为应对该重组

────────────

〔1〕 Department of the Treasury, Guidance Concerning the National Security Review Conducted by the CFIUS, F. R. Vol. 73, No. 236, 2008, p. 74571.

进行国家安全因素审查。[1]

CFIUS 指南是对其以往审查并购案件的经验总结,从《埃克森－弗洛里奥修正案》到 FINSA,立法所规定的外资并购安全审查标准仅为"国家安全"。但从指南内容可知,在实际执法中,"国家安全"概念作扩大解释,从军事安全、国土安全、政治安全延伸到了经济安全。

三、程序规范

FINSA 序言指明立法目的为:促进外国投资、创造与维持就业的同时确保国家安全;改革外国投资中国家安全审查的程序。CFIUS 在为并购交易方制定的审查指南中也明确自己的工作是分析外资并购中是否存在国家安全风险,并对存在的风险提出解决方法。FINSA 的立法目的和 CFIUS 的审查指南均证明:CFIUS 审查程序是在开放投资与国家安全间寻找平衡。外资安全审查制度追求的是让美国财富与安全建立于开放的经济政策之上。

基于 FINSA 的立法目的,与《埃克森－弗洛里奥修正案》及《1991 条例》相比,FINSA 及《2008 细则》在并购安全审查程序上也做出大胆改革。例如,纳入申报前的非正式措施程序,强化正式调查程序,建立事后监督机制,强化国会监督机制。

(一)非正式磋商程序

依据《2008 细则》的规定,CFIUS 鼓励并购方在发出自愿申报通知前与 CFIUS 进行咨询和磋商,并在恰当的情况下提交

---

[1] Department of the Treasury, Guidance Concerning the National Security Review Conducted by the CFIUS, F. R. Vol. 73, No. 236, 2008, p. 74571.

通知草稿或其他适当的文件，以便 CFIUS 工作人员在进入审查程序前，就能了解个案可能涉及的国家安全问题。这类通知前的咨询或通知草稿提交应在自愿通知提交前至少 5 个工作日内完成。

并购交易方通过非正式磋商可详细了解 CFIUS 安全审查程序、审查重点及对该并购交易的初步判断与态度，并基于 CFIUS 的判断和态度对自己的并购交易做出及时调整。CFIUS 通过非正式磋商可以了解并购交易基本情况、交易双方主体身份、并购资产情况，并与并购交易方沟通交易涉及的国家安全问题及消除问题的方式。

通过非正式磋商程序，可以提高外资并购安全审查效率，让 CFIUS 能够尽快掌握待查交易的有效信息，以便作出快速准确的安全风险分析；同时也可让交易方尽快准确了解安全审查制度重点，当交易存在国家安全问题时，可尽早考虑并磋商缓和协议，促进外资并购安全审查顺利进行。

为鼓励并购交易方积极进行通知前非正式磋商，该阶段交易方披露或提交的信息均可在提交通知后视为其一部分，受到信息保密制度保护。

（二）通知

FINSA 及《2008 细则》依然延续以往的审查启动方式：自愿通知及机构通知两种。自愿通知程序基本不变，外资并购交易中任何一方均可自愿向 CFIUS 提出申请，启动 CFIUS 安全审查机制。

机构通知，或称单边启动审查机制，是指当受 FINSA 管辖的交易的并购方漏报、隐瞒不报交易时，CFIUS 任一成员在有理由相信该交易可能引起国家安全问题时，可直接向 CFIUS 主席通报该交易行为。主席应要求并购方提交交易信息，启动审查机制。

在保持原有机构通知框架的基础上，FINSA 对机构通知作出调整，并对机构通知启动条件进行详细规定。总统或 CFIUS 均可启动单边审查机制，启动审查的原因包括：①任何一例受 FINSA 管辖的交易；②任一之前被审查过的受管辖交易，交易一方被发现提交错误或误导性资料或遗漏了重要资料；③任一被审查或调查过的受管辖交易，如果交易一方或交易完成后的企业故意实质性违反依据本法所达成的缓和协议，或负责监督执行的牵头机构认为当事人故意实质性违反缓和协议且经 CFIUS 确认。[1]

单边审查机制需由 CFIUS 成员单位的副部级以上官员启动。对交易结束满 3 年的，成员单位一般不能再对交易提起单边审查。3 年期限实际上成了外资并购安全审查的除斥期间，这一规定有利于维持完成并购后的企业自身及其相对交易关系的稳定。然而 3 年期限并非绝对除斥期间，为维护国家安全，3 年期限规定也有例外。在 CFIUS 全体成员协商一致情况下，如有可信证据表明已完成的并购交易存在国家安全威胁，CFIUS 仍可启动单边审查。[2]

（三）初审程序

并购交易方提交自愿通知，通知自 CFIUS 接受初审程序即启动。这一审查程序也被称为审查或初审。CFIUS 接受自愿通

---

〔1〕 50 App. U. S. C. A. §2170（b）（1）.（2007）.
〔2〕 50 App. U. S. C. A. §2170（b）（1）.（2007）.

知的前提是：交易通知方提交的申报材料符合《2008 细则》相应条款的要求。细则规定的申报信息主要包括：清楚表述每一个公司的产品和服务情况；交易所涉及的各方当事人、交易性质和结构。申报交易方还须依细则附证明材料，证明材料须涵盖细则要求的所有内容，以保证审查或调查结论基于充分信息作出。如果没有这些证明，CFIUS 不会作出初审决定，如果初审 30 天期限届满，交易通知方仍未能提供所需证明材料，CFIUS 将直接拒绝这项申报。[1]

初审程序仍为 30 天，从接受申报的第二个工作日起算。第 30 天如果为法定节假日则顺延一天。在初审期间，CFIUS 主要审查的内容是：调查交易当事人及交易详细情况，通过了解公司并购后拟定的经营计划，分析交易是否存在国家安全风险。

在初审中，CFIUS 需要对并购交易当事人的信息及交易信息进行保密。出于商业机密保密原则，信息应不为公众所知悉。因为国会监督机制的加强，这些信息可能通过报告的方式或回答国会问询的方式而向 FINSA 规定的国会特定成员公开，但是法律并未进一步规定这些特定国会成员了解并购交易的商业机密后的保密义务与责任问题，这属于法律待弥补的漏洞之一。

交易方如果自愿提交通知，且 CFIUS 得出结论不存在未解决的国家安全风险，则该交易属于《2008 细则》及 13456 号行政命令所规定的"安全港"，即 CFIUS 原则上不对已经完成的并购交易进行再次审查，除非有极个别例外情况出现。如果交易属于 FINSA 规定的管辖范围，但交易未经 CFIUS 审查批准，则

----

[1] 31 C. F. R. §800.402. (2008).

交易不能享受"安全港"政策，CFIUS可以在交易完成后随时启动安全审查程序，并可能导致并购交易完成后被禁止、并购所得交易资产被剥离。

（四）调查程序

CFIUS审查的案件多在初审阶段便能得出结论。依据FINSA和《2008细则》第800.503条的规定，CFIUS在初审中出现下列四种情况，应当进入45天的正式调查程序：①CFIUS对所管辖的并购交易进行审查后，发现该并购交易存在国家安全风险，且没能在30天的初审期间达成缓和协议。②该并购交易为外国政府控制。如果并购方为国有或者国家控股的外国企业，该交易便为外国政府控制，原则上均需进入45天的正式调查程序。除非CFIUS主席和个案牵头机构负责人经过初审一致认定，即使外国政府控制的交易也不存在国家安全威胁，该交易便无须正式调查。主席和牵头机构负责人拥有有限委托自己的认定权，所谓"有限委托"，是指仅能将决定权委托给财政部副部长和牵头机构副职领导。③初审认定并购交易将导致外国人或其代表控制美国或美国境内的关键基础设施，该交易通过初审被认为会有损国家安全，且CFIUS认为即使作出缓和协议或承诺也难以缓和安全风险。④有投票权的CFIUS成员认为交易存在国家安全风险，且未能在初审阶段达成缓和协议，经牵头机构建议，再经CFIUS同意后，可启动正式调查程序。

将调查程序的四种启动情形法定化是FINSA及《2008细则》对安全审查程序作出的重大改革。对于外国政府控制的并购交易需要经过联邦机构负责人的联合认定，无疑加大了此类交易在初审便得出结论的难度。另外，CFIUS主席和牵头机构联合认定机制会在客观上延迟审查时间，强化负责人的审查责任，从而能更大限度降低外资并购所带来的国家安全威胁。但从并购交易方的角度而言，延长安全审查时间会增加外国投资者并购成本，加大并购难度。我国赴美投资企业中不乏国有企业或国家持股企业，改革后的调查程序启动条件会给它们带来挑战。

（五）申报撤回与重启

美国外资并购安全审查制度自《埃克森－弗洛里奥修正案》起便允许并购交易方撤回申报。申报撤回可以发生于初审或正式调查阶段的任何时候。申报撤回只需由申报方向 CFIUS 提交撤回报告，一旦报告批准，原申报自始无效。

申报撤回可能是并购交易方需要对原交易方案作出调整，调整后再次申报，以满足外资并购安全审查制度要求。申报撤回还有可能是因为并购遇到美国国会和民众带来的强大政治压力及舆论压力，迫于并购交易能否通过审查的不确定性及并购后对新公司声誉的负面影响，而主动放弃并购。

对前一种原因导致的撤回申报，FINSA 要求 CFIUS 设置撤回申报追踪督促机制，以防止撤回并购的交易方怠于重新申报，或漏报、瞒报并购交易信息。CFIUS 需向国会汇报追踪信息，加强国会对外资并购安全审查的监督。

审查重启程序是指并购交易获得批准后，CFIUS 发现并购交易方存在不当行为，而重新开启审查程序。重启程序是 FIN-SA 对审查程序的又一重要改革，也被称为"常绿条款"。FINSA 第 2 条（b）款规定，审查重启的原因包括：①交易方向 CFIUS 提交的审查、调查相关资料有错误或误导性重要信息，或重要信息遗漏，且系交易方故意或重大过失。②交易方故意实质性违反缓和协议或 CFIUS 对收购交易附加的限制条件，且牵头机构在监督协议或条件执行的过程中，能够证实交易方行为属主观故意，也未采取补救措施弥补违反行为造成的危害。

FINSA 通过审查重启程序法定化可有效防止外资并购方为通过外资并购安全审查故意瞒报、漏报主要信息等行为。所谓"主要信息"需根据个案事实，依据其与国家安全考虑因素相关性而定。审查重启程序的法定化还可防止交易方在通过审查后，故意违反缓和协议或附加限制条件行为。但是，重启程序在执行中需十分谨慎，否则会让并购方感觉 CFIUS 审查程序永远处于可启动状态，这不仅使"安全港"制度失去意义，也会挫伤并购方自愿申报的积极性。

（六）总统决定

FINSA 对总统决定程序并未作过多调整。CFIUS 经过正式调查，当得出结论为并购交易有损国家安全，且没有达成缓和协议或附加限制条件，而其他法律又不能有效防控风险时，CFIUS 会向总统提交禁止或延迟并购交易的建议，并由总统作出最终裁决。总统裁决权免受司法管辖，且可就决定执行要求检察总长协助。FINSA 略作调整的是：CFIUS 在正式调查期间对并购案件作出肯定结论时，无需再将案件提交给总统。

FINSA 对总统决定的另一调整是不再要求总统在作出决定后立即向国会提交书面报告、通知决定并解释理由，因为 FIN-SA 强化了国会监督机制，要求 CFIUS 须分阶段向国会提交通知和报告，国会有权随时就案件进展向 CFIUS 提出问询，CFIUS 须予以回答。基于国会监督机制强化的背景，FINSA 免除了总统向国会提交书面报告的职责。

（七）风险缓和制度

风险缓和制度是 CFIUS 在实践中形成的用以降低、缓和各种国家安全风险的措施。国家安全审查制度的立法目的并非追求对外国投资并购行为的抑制，而是为有效防范国家安全风险。因此在 CFIUS 的安全审查实践中，常采取防范风险的措施以实现：既不否定并购交易，又能将国家安全风险控制在可监测、可承受的范围。

CFIUS 在实践中采取的这一做法被 FINSA 予以法定化，并在总统行政命令中被具体化。FINSA 规定 CFIUS 或牵头机构代表 CFIUS，在对交易的国家安全风险分析的基础上，可与并购交易方协商、达成协议或单方限制条件并负责实施，以减轻该交易对美国国家安全的威胁。CFIUS 的风险分析工作由国家情报局局长负责。[1] 依据 FINSA 规定，国家情报局局长在交易通知提交前、交易审查启动后，或进入正式调查程序后，依本法或其他相关法律，对交易可能产生的国家安全影响进行分析，并向 CFIUS 提交分析报告。CFIUS 作出决定时需采用该报告，且 CFIUS 可依案情需要，要求国家情报局对报告作出相应补充。[2]

总统行政命令 13456 号对风险缓和制度作出进一步规范：① CFIUS 或个案牵头机构可与交易方签订缓和协议或单方限制条件。②在 CFIUS 或其代表实施风险缓和措施前，需向 CFIUS 提交书面报告分析交易潜在安全风险及风险缓和措施的合理之处。在 CFIUS 对报告认可后，且在批准缓和措施可行的基础上，

---

〔1〕 50 APP. U. S. C. A. §2170 (a). (2007).

〔2〕 50 APP. U. S. C. A. §2170 (b) (4). (2007).

个案牵头机构方可与交易方就具体措施做进一步磋商。③风险缓和措施以自愿协商为前提，交易方对所提措施可拒绝接受。④牵头机构须有能力负责监督风险缓和措施的执行。⑤该命令并非用以限定 CFIUS 及其相关部门行使下列权力：对任一交易实施调查；与交易方进行沟通；协商、签订、附加、实施与交易方的合同条款。

虽然《2008 细则》并未对风险缓和制度作详细解释与规范，但 CFIUS 在其国家安全审查指南中对自己行使风险缓和措施时前提条件作出说明：①CFIUS 在签订风险缓和协议前，须对交易作出国家安全风险分析。分析须以书面报告的形式，阐述所采取的风险缓和措施的必要性与合理性。②CFIUS 只能在其他法律不足以解决交易安全风险问题时，方可采取风险缓和措施。指南特别列举的所谓的"其他法律"主要包括：《国际武器贸易条例》、《出口管制条例》、《国家工业安全计划与操作指南》。如果根据这些法律足以解决交易的潜在国家安全风险，CFIUS 不需采取风险缓和措施。

（八）国会监督机制

依据 FINSA 规定，CFIUS 需分阶段向国会提交被签署的证明通知（Certified Notice）及报告（Report）。CFIUS 启动并购交易初审后会作出两类决定：一为交易没有潜在的国家安全威胁；一为存在国家安全威胁，需要启动正式调查程序。当作出第一种结论后，CFIUS 主席及个案牵头机构负责人需要共同向 FINSA 制定的国会成员提交证明通知。通知内容包括：CFIUS 对交易采取的调查行动；运用 FINSA 规定的国家安全审查因素对案件进行分析；确定交易不存在国家安全威胁。[1]

FINSA 不仅对通知内容作出明确规定，同时为强化 CFIUS 通知责任，要求提交通知需经主席及牵头机构负责人联合签名。签名权可以有限授权（Limit on Delegation），但只能委托给财政部或牵头机构的合适人员。[2]

依据 FINSA 规定，证明通知和报告须提交的国会成员有：①参议院多数派和少数派的领袖；②参议院银行、住房与城市事务委员会主席及其高级委员，以及可以监督牵头机构的其他参议院委员会；③众议院议长及少数派领袖；④众议院金融服务委员会主席及其高级委员，以及可以监督牵头机构的其他众议院委员会；⑤关键基础设施交易中，来自被并购的美国企业主要营业地所在州的参议员，以及该营业地所在国会区的议员。[3]

当 CFIUS 启动正式审查程序后，审查结果无非两种：一为交易被确认不存在对美国国家安全的威胁；一为交易存在国家安全威胁风险，建议总体予以拖延或禁止。这两类结果，仅第一类需要向 FINSA 规定的国会成员提交报告。报告内容与初审结束提交报告内容相似。提交报告仍需 CFIUS 主席及牵头机构负责人签名。签名依然为有限授权，授权范围是财政部副部长及牵头机构的副职或同等级别人员。[4]

考察 FINSA 强化的国会监督机制可知，国会不再要求总统

---

〔1〕 50 App. U. S. C. A. §2170（b）（3）.（2007）.

〔2〕 50 App. U. S. C. A. §2170（b）（3）.（2007）.

〔3〕 50 App. U. S. C. A. §2170（b）（3）.（2007）.

〔4〕 50 App. U. S. C. A. §2170（b）（3）.（2007）.

在作出最终决定后提交报告说明理由，而是要求 CFIUS 在调查过程中分阶段提交证明报告。分阶段报告有利于强化国会对审查全过程的跟踪监督，在必要的时候，国会可尽早对交易及 CFIUS 的审查予以干预。法律对通知、报告的联合签名要求及有限授权规定，均在于强化 CFIUS 向国会尽到及时客观报告的职责。此外，国会具有质询权。国会可随时向 CFIUS 主动问询具体案件情况与进展，并询问并购交易或缓和协议的相关实施情况，CFIUS 必须予以回复。FINSA 的国会监督机制大大强化了国会对 CFIUS 安全审查的干预力度，但是如果国会对 CFIUS 安全审查干预过度会带来安全审查制度政治化的弊端。

四、典型案例

（一）华为并购 3COM 和 3LEAF 案

华为集团（简称华为）自 2007 年起在美国参与或独自发起的并购交易数起，包括：2008 年收购 3COM 公司、2010 年竞购摩托罗拉业务、2011 年收购 3LEAF 公司等。华为由于多种原因，在外资并购安全审查中屡屡受阻，其参与或独自发起的并购由于涉及国家安全问题多以失败告终。

1. 华为并购 3COM 案

华为作为中国最大的电信设备公司集团之一，于 2007 年 9 月和美国贝恩资本公司（Bain Capital Partners，LLC，简称贝恩）共同发起并购美国 3COM 公司。贝恩是世界排名第七的私营资产公司，3COM 是一家制造网络路由器和高端网络材料的美国公司。在此次并购计划中，预计共投资 22 亿美金，贝恩持股 83.5%，华为持股为 16.5%。即使并购交易成功，华为仅为并购后公司的少数股东。作为并购交易计划的一部分，华为与贝恩达成共识：在此项并购交易中，作为贝恩的商业策略伙伴，华为集团不与中国政府产生联系。

尽管如此，这起拟定交易一经公开便在美国引发热议。因为 3COM 为美国军方提供反黑客软件，美国官方认为华为与中国军方有着紧密联系，所以担心这种软件在公司并购后会落入中国军方之手，从而给美国军方造成损失。

国会公开表示了对这项并购交易的反对，议会 8 名成员提议国会 730 号议案，阐述交易会威胁美国国家安全，不应批准。参议院 John Kyl 等 14 名参议员通过公开信的方式呼吁 CFIUS 对 3COM 并购案予以严格审查。面对国会反对，3COM 公开申明华为在并购后不会拥有公司经营权或决定权。3COM 还愿意剥离自己为美国军方提供反黑客软件的业务部门，希望以此为条件换取 CFIUS 的批准。但是如果 3COM 剥离这一软件业务部门，华为对并购后公司的股份会达到 21.5%，这一占有份额对美国核心工业领域而言仍然过高。在意识到这一问题后，申请交易方主动撤销了向 CFIUS 发出的申请。撤销申请 1 个月后，贝恩宣布终止该并购计划。

2. 华为并购 3LEAF 案

2011 年，华为再一次准备并购美国电脑技术公司，此次华为预备投资 200 万美金并购 3LEAF 系统。这次并购交易是由 CFIUS 单边启动机构审查，因为 CFIUS 认为华为的并购行为造成了国家安全风险。在初审阶段，CFIUS 便建议华为主动剥离已经购得的 3LEAF 资产。华为在收到建议时已经完成了并购交易。具体来说，华为雇佣了 15 名 3LEAF 员工，拥有了 3LEAF

持有过的几项专利及一些非专利技术。华为拒绝接受 CFIUS 的
建议，并希望最终由奥巴马总统来裁决此项交易。美国有评论
分析：华为在这次外资安全审查中表现出来的大胆史无前例，
险些将美国总统置于艰难抉择的处境。因为总统可能不得不冒
着得罪中国政府的危险阻止此项交易。[1] 值得总统庆幸的是，
华为最终主动宣布放弃该项并购交易。

3. 情报委员会调查报告

屡遭 CFIUS 审查机制阻碍难以取得并购成功的华为，于
2011 年 2 月向美国政府公开致信，否认自己的赴美并购交易会
给美国带来国家安全威胁，并邀请美国政府彻查自己集团运营
情况，以便消除误会，赢取日后赴美并购的成功。美国政府也
认为如果不对华为集团经营状况全面调查，美国难以信任其为
美国电信网络所预备提供的设备与服务。

接到公开信后，美国国会参议院指定情报委员会（简称委
员会）于 2011 年 11 月围绕华为集团在美商业行为可能产生的
反情报威胁（Counterintelligence Threat）与国家安全威胁进行调
查。委员会通过调查向国会提交了最终调查报告。这份报告在
详细调查基础上，总结主要发现，并评估了华为并购行为对美
国家安全产生的潜在威胁。因为 CFIUS 的分析报告从不向大众
公开，情报委员会的这份调查报告对解读 CFIUS 安全审查分析
过程具有积极意义，毕竟 CFIUS 对个案的决定和具体风险缓和
协议均建立在联邦情报局出具的国家安全风险分析基础上。

---

[1] Nikul Patel, "Suggesting a Better Administrative Framework for the CFIUS: How Recent Huawei Mergers Demonstrate Room for Improvement", *N. C. J. Int'l. & Com. Reg*, 38 (2012~2013), p. 970.

在此调查报告开篇，委员会先指明电信系统作为关键基础设施对国家安全具有重要意义，因此外资安全审查制度会将外资并购电信企业纳入审查对象。委员会在本次全面调查前，对华为曾开展过调查，调查原因是华为这一中国最大电信设备生产企业预备在美国电信基础设施领域出售自己的设备。委员会此次全面调查的目的是更好地了解华为这类企业在美国经营业务对美国造成的风险程度。为评估这一风险，调查分成两个相互关联的部分展开：①对公司公开信息评估，如公司历史、经营范围、财务信息、与中国政府或中国共产党的潜在联系；②对公司机密信息评估，如对美国情报系统所做的针对此类审查对象的安全风险评估。[1]

委员会通过与华为集团及员工访谈、向华为索取和查阅文件、审查公司公开信息、召开听证会等多种方式调查华为集团相关情况，得到以下发现：①华为未能就其公司结构、决策过程提供全面清晰的信息，且可能仍依靠中国政府资助。②华为未能清楚解释其与中国政府的关系，它说自己未受中国政府资助并不可信。③华为承认集团设有中国共产党党组，但未能清楚解释党组代表的是党的利益还是社会公众的利益。④华为集团发展历史表明它与中国军方有联系，但它未能提供具体可信答案解释这种联系。⑤华为未能就 1999 年其涉嫌偷税、漏税被中国政府调查一案的始末提供充分信息。⑥华为将其近几年高速发展的原因归结为依赖西方咨询公司（如 IBM、ACCENTURE

---

〔1〕 U. S. House of Representatives, 112th Congress, Investigative Report on the U. S. National Security Issues Posed by Chinese Telecommunications Companies Huawei and ZTE, Oct. 8, 2012, p. 1.

等），而并非中国政府扶持，这并不可信。⑦华为未能提供关键证据证明自己在财务上独立于中国政府。⑧华为未能提供关于其美国子公司的经营、财务和管理的充分信息。委员会手头证据显示华为美国子公司并非完全独立于华为深圳母公司，这表明华为美国子公司也可能受中国政府干预。⑨华为未能充分提供其在伊朗的业务信息，因此难以证明其完全遵守美国出口法。⑩华为拒绝提供它的 R&D 项目信息，但委员会手头证据显示华为可能向中国军方或情报机构提供 R&D。⑪华为的一些前雇员和现雇员向委员会证明华为集团存在违法行为，并提供了相关证据。违法行为包括：移民犯罪、贿赂与腐败、歧视及商标侵权。基于上述调查发现，委员会最终认为：华为在此次调查中未能全面配合，不愿解释其与中国政府和中国共产党的关系，且有可信证据证明华为存在违反美国法的行为。[1]

　　美国国会的这份调查报告无论其结果是否合理可信，但报告提供的调查范围、分析方法及详尽的调查发现能为我们了解 CFIUS 分析关键基础设施的国家安全问题时的侧重点、分析路径提供宝贵资料，尤其是在 CFIUS 审查报告从不公开的背景下。就调查报告具体内容而言，由于中美两国在政治制度、经济体制、国家利益、企业形态等方面的巨大差异，使得我国企业赴美并购时更容易成为审查对象，受到的审查和监管也更为严格、苛刻，华为总裁任正非的军队服役历史也成为影响华为成功赴美并购的重要因素。

---

[1] U. S. House of Representatives, 112th Congress, Investigative Report on the U. S. National Security Issues Posed by Chinese Telecommunications Companies Huawei and ZTE, Oct. 8, 2012, pp. 11～34.

（二）西色公司收购优金公司案

2009年7月，西色公司（Northwest）与优金公司（First Gold）商议并购事宜。中国西色公司愿意以2650万美金收购优金公司，以此获得美国优金公司在内华达州4个矿区的采矿权等。双方在当年10月向CFIUS发出主动审查申请。很快CFIUS便通知双方当事人进入正式审查阶段。在审查过程当中，CFIUS最关注的是优金公司在内华达州有一个矿区非常接近美国内华达法伦海军航空站（Fallon），这个航空站是用来测试武器的。CFIUS认为这起并购案可能会导致涉及敏感、安全机密的资产和军事资产的信息泄露。为了使得该项并购交易成功，优金公司曾尝试对并购案进行修改，但CFIUS在当年12月宣布由于国家安全原因建议当事人停止并购交易。该并购案以失败告终。

这个案件的深远意义在于，优金公司经营资产与项目并非FINSA中所涉及的"关键性基础设施"，而整个并购案被叫停的实质就是被并购公司地理位置问题。这是一个从没有在任何管制法律条文中被涉及的因素。该并购案被叫停背后显然有更深层的原因，中国在国际上不断扩张的稀有金属占有率为美国所忌惮应当是重要因素之一。

第四章

美国外资并购安全审查制度适用

一、外资开放与国家安全平衡

（一）全球化背景下的外资开放与国家安全

全球化给每个国家提供了可与其他国家共享的经济网络，并通过市场整合、交通系统与通信系统联合来完成经济网络共建。全球化进程给每一个参与其中的国家都带来了文化、政治体系、经济发展及社会繁荣等多层面的深刻影响。虽然在几千年的社会发展史中，跨国贸易并不算新奇，但随着现代科技发展和社会政治进步，对外贸易与投资的深度广度发生着空前的改变，并由此带来了众多国家外资开放政策的深化与发展。为促进本国外资开放，追求经济发展，政府纷纷通过双边、多边协商减少国际贸易壁垒与障碍，利用全球化市场提供的新机遇，实现本国国际贸易与国际金融的提升。

正是基于对外资开放政策有益性的认识，美国政府历来奉行外资自由政策，支持外资开放。里根总统对美国外资开放政策的最终确立做出了卓越的贡献，他强调外资开放政策为美国国内发展带来了巨大利益，并制定了美国外资开放政策的三大目标：①消除国际贸易壁垒，减少国际投资歧视；②鼓励私营外资在欠发达国家经济发展中发挥出更重要的作用；③保持美国外资开放程度最大化，以促进美国经济发展。里根总统对外资开放的积极态度极大提高了美国对外资投资者的吸引力。美国借此成为全球化和国际自由资本运行的领先者。

外资开放政策给美国国内发展带来诸多积极影响：外国资本挽救了许多经营业绩欠佳的美国公司、促进了美国不动产市场的繁荣、充实了风险资本联营资金、推动了地方经济发展、增加的外国资本还拉伸了美国 GDP 产值、增加了美国就业需求、提高了国民生活水平。

尽管全球化下的外资开放政策刺激了美国经济发展，但开放政策对产业安全、国家安全的潜在威胁一直以来是美国国内对该政策最为质疑的两点。在产业安全方面，外国直接投资热点集中在外资并购。外资并购后，公司资产可能从美国境内转至境外，甚至直接归属于外国政府。有质疑认为：外资开放政策以牺牲国家经济安全为代价，对国家生产力产生的消极影响大于积极影响，因为国内资产增值的部分均为外国所持有。更有质疑认为全球化背景下的外资开放政策使外国政府可以借此削弱美国经济实力，甚至紊乱社会秩序。[1]

外资开放政策和全球化还可能影响东道国国家安全。增加的国际贸易，日益开放且持续流动的人力资源增加了跨国犯罪

----

[1] Terry R. Spencer, Christian B. Green, "Foreign Direct Investment in the U. S. : An Analysis of Its Potential Costs and Benefits and a Review of Legislative Tools Available to Shape Its Future Course", *Transnat'l Law*, 6 (1993), pp. 529~543.

行为和违法行为的可能，就此而言，全球化为恐怖主义犯罪提供了便利，给反恐工作带来了阻碍。[1]

因此，为了限制侵害国家安全、产业安全的恶意外资并购，美国政府必须审查外资并购交易的安全性，防止发生以威胁国家安全为代价换取经济发展的情况。由此可见，实现外资开放与国家安全平衡是美国外资并购安全审查制度的立法初衷与追求。

美国国家安全审查制度以1988年《埃克森－弗洛里奥修正案》通过为正式确立的标志。因里根总统将该法案赋予自己阻止并购或并购交易完成情况下撤销投资的新权力部分授予给CFIUS，CFIUS正式成为安全审查制度的核心执行机构。但从1988年到2001年，CFIUS实际展开调查的案例为数不多。无论是立法上还是实践中，除少数争议性个例外，外资开放与国家安全之间多能保持平衡，但2001年"9·11"恐怖袭击一举打破了安全审查制度所追求和维持的平衡。

（二）"9·11"后的平衡难题

虽然美国自建国之初就奉行外资开放政策，但自"9·11"恐怖袭击后，美国政府对外资并购国家安全审查标准显著提升，对外资并购交易展开空前严格审查。自"9·11"恐怖袭击后，美国政府讨论的一项主要议题是：美国必须紧急采取更强有力的防御措施，因为国土安全已成为美国头号要务。美国CFIUS通过提高外资并购审查执行要求，以及于2003年将国土安全局纳入CFIUS成员的做法，对恐怖袭击做出回应。随着FINSA将

---

[1] Arthur C. Helton, Dessie P. Zagorcheva, "Globalization, Terrorism, and the Movement of People", *Int'l Law*, 36 (2002), pp. 91~93.

这些严苛的外资并购审查要求立法化，一个大难题摆在了美国政府面前：如何在寻求提高领土安全程度的同时仍然保持外国投资自由、国际贸易不受压制或阻碍，继而保持美国经济持续发展。

面对这样的难题，"9·11"事件后，CFIUS 在外资并购安全审查执行中，颇具争议性的外资并购案例频发，典型的案例有：中海油并购案、迪拜港口并购案等。这些案件反映出面对外资开放与国家安全平衡的难题，美国行政部门与国会态度上的分歧。简而言之，在这个难题解答上，美国行政部门更倾向于肯定外资开放给美国经济带来的活力与繁荣；国会则更强调外资并购给美国国家安全带来的风险与隐患。[1]

在中海油并购案、迪拜港口并购案中外资并购方均因来自国会的巨大政治压力而放弃了并购。2007 年 5 月 10 日，出于这些争议性案例引发的各国对美国外资并购安全审查制度的普遍关注，布什总统发布声明，重申美国进一步开放经济、开放投资与贸易市场。声明表示：美国明确支持赴美的国际投资，并承诺给予所有国际投资以公平、公正、无歧视待遇。布什总统在声明中承诺：美国仍然是全球最佳投资场所，美国还将不断深化自由贸易与公平贸易。

继总统声明后，美国商务部发起"投资美国"计划（"Invest in America" initiative）。计划目标是帮助国际投资者了解赴美投资优势，目的是增加美国境内的外国直接投资，以便创造

---

[1] Joanna R. Travalini, "Foreign Direct Investment in the United States: Achieving a Balance Between National Economy Benefits and National Security Interests", *Nw. J. Int'l & Bus*, 29 (2009), pp. 785~795.

更多的就业机会及促进国内竞争。[1]

中海油案和迪拜港口案后，在美国总统肯定外资并购在美国经济中的积极作用并明确表示支持外资开放的同时，国会对这些案件中 CFIUS 审查程序效率性及《埃克森－弗洛里奥修正案》的立法缺陷提出质疑，对外资并购安全审查制度中的国家安全问题赋予更高关注。由于国会对 CFIUS 审查程序关注的加强，仅 2006 年 CFIUS 就对 7 件并购案发起正式审查（45 天），这一数字是 2001 年至 2005 年正式审查案件数的总和。即便如此，国会仍然对国家安全问题难以放心，在国会推动下，2007年 7 月 27 日布什总统签署了 FINSA。FINSA 的立法目标为：本法案在确保国家安全的同时，促进外国投资，增加维持就业，改革外资安全审查程序，将美国外资审查委员会法定化等。[2]

（三）FINSA 的平衡机制

FINSA 是国会参议院与众议院不断努力与妥协的结果。立法最终批准了参议院银行、住房及城市事务委员会提交的议案而非众议院议案，根本原因之一是参议院提交的这份议案更关注工商业领域发展，更好地平衡了外资开放与国家安全之间的关系。通过多次立法修改后的 FINSA 很好地体现了国会对国家安全的关注，例如强化 CFIUS 审查程序监督、将 CFIUS 优秀审查实践与经验立法化、让整个审查程序更透明。FINSA 的最终颁布同时也竭力避免了此前各提案对 CFIUS 添加的过多监管限制等。总体而言，FINSA 表现出一方面努力追求外资并购安全

---

［1］　U. S. Dep't of State, U. S. - Japan Investment Initiative Report, 2007.

［2］　Foreign Investment and National Security Act of 2007, Pub. L. , No. 110 - 49, 121 Stat. 246（2007）.

审查的透明化与精细化；另一方面也着力维护外资并购者在审查中的合法利益。FINSA 立法改革能体现追求外资开放与国家安全平衡的制度如下：

FINSA 机构设置变革。在 FINSA 将 CFIUS 审查机构法定化时，国会通过 FINSA 设置了个案牵头机构，由牵头机构负责个案中国家安全问题的具体审查。但国会同时保留了倾向外资开放政策的财政部的主席地位，财政部仍然是 CFIUS 这个跨部门政府机构的总负责部门。在 FINSA 规定的 9 个 CFIUS 成员中，国会虽然将劳工部部长、国家情报局局长通过立法确认为固定成员，但劳工部部长和国家情报局局长并没有投票权。而且立法允许总统通过授权另行增加 CFIUS 成员。CFIUS 成员对外资并购安全审查制度有不同的倾向：成员中既有倾向外资开放政策的代表，如财政部；也有倾向国家安全政策的代表，如国土安全部、商务部、国家情报局。国会虽然增加了倾向国家安全政策的代表，但并未让国土安全部部长取代财政部部长成为委员会主席，同时赋予总统另行增加成员的权力。FINSA 对 CFIUS 审查机构成员安排本身显现出外资开放与国家安全间的微妙平衡。

FINSA 的另一大改革是将国家情报局在 CFIUS 审查程序中作用正式化、法定化。国家情报局局长需要在 CFIUS 收到审查通知起 20 日内向 CFIUS 提供该外资并购交易的国家安全分析。基于 CFIUS 审查程序性质分析，虽然情报局局长不享有 CFIUS 审查投票权，但这一立法改革使情报局能够有效参与审查过程。这一改革可以被解读为：在财政部部长仍担任 CFIUS 主席的情况下，为消除国会等对 CFIUS 可能忽视国家安全的担忧，将情报局审查角色正式化，并要求 CFIUS 的决定参考情报局分析报告做出，以寻求外资开放与国家安全之间的平衡。

FINSA 新增安全考虑因素。关键基础设施并购和关键技术并购等潜在影响均被列入考虑范围。但是这些考虑因素并非必需的或决定性的。安全考虑因素增加不会当然使 CFIUS 审查程序变得更为严苛，因为它仅为安全审查提供审查标准指引。仅具指引性的考虑因素是赋予 CFIUS 充分裁量权，从而平衡个案的外资开放与国家安全之间的关系。但 FINSA 没有采纳早期议案对外资并购方母国的分类制度，分类依据是这些国家是否支持美国反扩散制度和反恐制度，母国分类制度有益于提高 CFIUS 审查效率化。

在 FINSA 中将 CFIUS 实践常用的风险缓和措施法定化也是其寻求外资开放与国家安全平衡的具体体现。风险缓和措施是在 CFIUS 通过个案事实搜集和风险分析后认为交易存在国家安全问题情况下启用。CFIUS 或其成员机构在发现国家安全问题时，可以同并购交易方协商，以达成风险缓和措施的方式解决安全问题，消除或明显降低安全风险，最终促使交易成功。就 CFIUS 多年的安全审查实践而言，风险缓和措施可以在降低安全风险的同时促成交易成功，有助于维持开放投资与国家安全间的平衡。

FINSA 安全审查程序的另一个重要创新是增加 CFIUS 向国会报告制度。CFIUS 必须向参众两院多数派和少数派领袖及有管辖权的国会委员会主席等提交 30 天初审报告（在无需启动正式调查情况下），或提交 45 天正式调查报告（在无需提交总统决定情况下）。CFIUS 报告必须写明调查结果，若批准交易，需并声明该案不存在未解决的国家安全问题。除此之外，CFIUS必须向国会提交年度报告，国会也可就任何交易向CFIUS进行问询。尽管如此，FINSA并未赋予国会阻止具体交易的权力，国会报告制度在增强CFIUS审查决定过程的透明性同时，仍然将个案决定权完全赋予了行政机构。国会在报告制度实践运用中，应尽量避免无谓降低CFIUS审查程序效率，将关注点集中在CFIUS未关注到的国家安全问题，这样才能使国会报告制度在立法设计和实际执法中均能有效维持外资开放与国家安全之间的平衡。

（四）总结

实现外资开放与国家安全之间的平衡是外资并购安全审查制度一直以来的追求。美国国内对CFIUS审查程序存在诸多质疑，普遍认为CFIUS审查制度偏重于外资开放，忽视了国家安全。总结这些质疑，大致包括三方面：①CFIUS的主席为财政部部长，财政部对经济的关注往往胜于国家安全；②对"国家安全"概念解释过窄，所列的安全考虑因素过于模糊；③国会认为CFIUS审查过程缺乏充分透明性，在安全审查问题上白宫经常袖手旁观，导致审查潦草。

评价这些质疑前，首先需要明确的是：CFIUS审查的外资并购数量其实并不多，但即便如此，这些审查也会对美国公司跨国业务发展产生潜在负面影响。例如，在1988年至2005年CFIUS接到自愿通知1500份，需要启动正式审查的仅25件；进入正式审查后，有13件主动撤销拟定并购，12件被送往白宫由总统作最终决定。总统仅于1990年作出过1次禁止交易决定。依据上述数据，CFIUS需要正式调查的案件仅占被审查交易的

2%。事实上，美国对外资并购交易的控制并非仅事前控制一种，即便外资并购交易完成后出现国家安全问题，美国现行法律框架下已有恰当的法律机制对安全问题予以监测和救济，实际上 CFIUS 程序仅为美国对外资并购安全监测综合机制的一种。在经济全球化背景下，美国如果在外资并购安全审查执行中难以平衡外资开放与国家安全间关系，让国内特殊利益群体借国家安全之名游说国会成员阻碍外资并购交易，会引来他国的不满甚至报复。近年来，美国重要贸易伙伴，如中国、加拿大、德国、欧盟等纷纷建立起了本国或本区域的外资并购安全审查制度。美国若过于偏向国家安全因素考虑，违背已承诺的外资开放国际义务，不仅会使外资资本流向其他国家，还可能遭致其他国家对美国公司跨国并购的阻碍或提高并购成本。这两种结果对美国次贷危机后的经济复兴均无益处。

二、国会监督机制

外商直接投资对美国经济的持续发展至关重要，尤其是对持续资金困难的产业（如美国汽车制造业）而言。因此，CFIUS 在外资并购安全审查执行中对外资审查仅集中于国家安全问题，但国会对 CFIUS 审查程序监督也须审慎，这样方可维持外资开放与国家安全之间的微妙关系趋于平衡。然而，FINSA 中对国会监督机制的新规定，增加了国会对 CFIUS 审查程序的参与，这可能会引发外资交易政治化，还会造成外资并购方核心商业机密泄露。

（一）监管权力来源与监管手段

国会对 CFIUS 审查程序监督权力来源于美国宪法的赋予。

美国联邦政府依照宪法实施三权分立。依据宪法贸易条款，享有立法权的国会拥有宪法所赋予的排他性的州际及国际商务贸易管辖权和国防军需管辖权。[1]

美国联邦具有排他性的外交关系权。在 1967 年的 *Zschernig v. Miller* 案中，俄勒冈州法律曾规定，外国居民财产可被州政府没收，除非该外国法律给予美国公民国民待遇。美国联邦最高院认为俄勒冈州该项法律违背宪法，侵害了联邦政府外事排他性管辖。由此可知，商事条款是美国国会对国际商务贸易管辖权的重要依据。

宪法还规定，国会有权决定军队的供养配备是它规制外商直接投资的另一权力来源。依据此条款，在紧急事件中，如国会发现外商投资损害国防军需，它可基于宪法授权禁止该项投资。

在 FINSA 出台前，当国会认为外资并购存在国家安全问题时，即便 CFIUS 已经审查批准交易，国会仍会采取立法措施对并购方施压，以阻止或妨碍并购。如富士通并购案中，由于国会压力和大众反对，富士通公司在 CFIUS 还未作出最终决定时，便主动撤销向仙童半导体公司发起的并购。再如中海油并购案中，面对巨大的国会压力，中海油最终选择放弃并购优尼科；在迪拜港口案中，外资并购方虽已获得 CFIUS 审查批准，但迫于国会将采取的立法威胁，而出售所持有的美国港口经营权。

几乎每一个颇具争议的外资并购审查案中，国会无一例外地采用政治施压方式威胁外资并购方，并多扬言会通过专门立

---

〔1〕 U. S. Constitutional Law, art. I § 8.

法拖延或禁止交易。外资并购方考虑到与国会即将展开的战争，多放弃交易、偃旗息鼓，即便交易已经通过或有望通过 CFIUS 审查。

具有立法权的国会在监管外资并购中除了可通过针对某一交易的专门立法，还可修改《埃克森－弗洛里奥修正案》或颁布新的外资并购安全审查法，如《伯德修正案》、FINSA。

国会有权对外资安全审查监管，但是国会应当进行何种程度的监管，以何种手段实施监管却是需要讨论的重点。国会通过政治施压、专项立法的手段对并购个案进行监管并非合理有效。例如迪拜港口案中，国会成员政治施压 DP WORLD 公司，迫使其出售已并购的美国财产。据分析家推断，仅 2006 年一年从阿拉伯联合酋长国涌入美国的投资就减少了 10 亿美金。由此可见，国会对外资并购安全审查的合理有效监管直接关乎美国经济发展和美国外资开放政策的实施。

（二）FINSA 改革消极影响

FINSA 是对《埃克森－弗洛里奥修正案》广泛而彻底的修订，深层次的立法修订在对外资并购安全审查制度产生诸多积极影响的同时，也存在着立法漏洞与缺陷。FINSA 最具争议性的改革是强化国会报告制度。一方面，国会报告制度可以促进 CFIUS 审查程序透明化，让 CFIUS 审查受到国会监管的同时，也让公众有渠道、有机会了解 CFIUS 的一些重大决定及争议性决定；另一方面，国会报告制度可能导致并购交易政治化，同时对并购交易方的商业秘密造成威胁。

1. 商业保密原则与国会报告制度

自《埃克森－弗洛里奥修正案》起，安全审查制度就规定须保护被审查交易涉及的商业机密信息，CFIUS 不能随意对信息进行披露，以保护投资者信息。[1] 由于外资安全审查制度自制定之初就定下这一信息保护原则，CFIUS 的审查机制相对保密，CFIUS 从不向公众披露其分析报告，只公布其最终决定。虽然 CFIUS 的保密化审查机制备受指责，但是保密化的制度设计实属外资安全审查制度保密条款需要，最终目的是为保护与执行美国外资开放政策。

在保护外资开放的同时，为保障国家安全，美国外资安全审查制度还规定了国会报告制度。在《埃克森－弗洛里奥修正案》中规定总统作出最终决定后应向国会通报通知决定内容。《伯德修正案》进一步要求总统作出决定后必须就其决定及决定原因向国会提交详尽报告。FINSA 对国会报告制度予以进一步强化。FINSA 要求 CFIUS 需分阶段向国会提交被恰当签署的证明通知及报告。报告包括高度敏感的商业机密信息，如公司所有权信息。此外，国会具有质询权，国会可随时向 CFIUS 主动问询具体案件情况与进展，并询问并购交易或缓和协议的相关实施情况，CFIUS 必须予以回复。FINSA 对国会报告制度的强化，使国会能有机会共享 CFIUS 的调查信息，旨在促进 CFIUS 调查程序的透明化以及加强国会的监管力度。这一制度设计是国会与总统双方平衡妥协的结果，正如美国财政部发言人公开承认的："CFIUS 与国会之间的沟通与报告机制应当做出适当改善，毕竟改善报告机制要比国会直接参与安全审查决定要

---

〔1〕 50 APP. U. S. C. A. §2170（b）（1988）.

合适。"〔1〕

但基于国会报告制度，国会大量人员有权阅读 CFIUS 调查简报。简报中含有 CFIUS 审查涉及的公司商业秘密。虽然《埃克森－弗洛里奥修正案》也允许 CFIUS 向国会透露审查信息，但人员十分有限，仅含国会委员会成员且需个别授权。CFIUS 审查所涉及的信息不仅含商业秘密信息，还含有有关国家安全的敏感信息。FINSA 对这两类信息未做区别，均允许有查阅权的人员查阅。也没有设计专门条款对能接触机密信息的国会成员苛以保密义务。这属于 FINSA 的一个立法漏洞。

CFIUS 为了在强化后的国会报告制度下履行信息保密原则，在实践中拒绝在公开听证会上回答涉及保密性的问题，仅在只由国会成员参加的内部会议上接受此类问题的问询。即便如此，缺乏法律制度监督国会成员遵守保密原则，依然存在并购交易机密信息外泄的危险。

商业秘密泄露的威胁会使外资公司不愿向 CFIUS 透露重要策略信息，还会使外商资本选择流向安全审查更为宽松的国家。目前外商投资是美国经济复兴的重要动力之一，国会应当限制可接触机密信息的人数和范围，保护外国投资者的商业秘密。

2. 并购交易政治化

美国国内对 FINSA 的国会报告制度质疑认为：它会对美国经济与国家安全产生负面影响，因为这一制度可能会使外商直

---

〔1〕　徐维余："外资并购安全审查法律比较研究"，华东政法大学 2010 年博士学位论文。

接投资政治化。[1] 国会报告制度要求 CFIUS 向国会提交报告或接受问询，这会涉及审查中所获知的交易方信息。虽然 FINSA 规定只有特定国会成员才有机会接触到这些信息，但所规定的成员范围十分宽泛。不仅包括参众议院多数派和少数派的领袖；参议院银行、住房与城市事务委员会主席及其高级委员；众议院金融服务委员会主席及其高级委员等；甚至还包括在关键基础设施并购交易中，来自被并购的美国企业主要营业地所在州的参议员，及该营业地所在国会区的议员。[2]

这样一来，能接触机密交易信息的人便不在少数，他们都有权向 CFIUS 要求查阅交易调查简报。FINSA 没有赋予 CFIUS 自由裁量权来决定上述国会成员中谁可以接触简报信息，仅概括性规定：这些有权查阅简报的议员应当对敏感信息保密。FINSA 允许如此众多的国会议员、国会工作人员甚至是州参议员均可浏览 CFIUS 审查过程中所涉及的秘密信息，这显然增加了外资并购交易由于政治目的或经济保护主义而被阻碍甚至破坏的概率。

FINSA 规定每一次调查后，CFIUS 必须向国会提供报告，在报告中明确所考虑的安全因素及所作决定。FINSA 没有规定国会不得将报告内容向公众公开，这应当属于立法规定的漏洞。例如 CFIUS 报告中阐明阻止某一并购交易的原因是并购公司所在国家属于生化武器扩散国。该份报告一旦公之于众会导致美国和其他国家的政治关系紧张。事实上，自里根政府起，美国

---

[1]　Jonathan C. Stagg, "Scrutinizing Foreign Investment: How Much Congressional Involvement Is Too Much?" *Iowa L. Rev*, 93（2007~2008）, p. 352.

[2]　FINSA of 2007 § 7（a）（g）（1）.

政府就尽量避免因《埃克森－弗洛里奥修正案》实施而使国家间政治关系紧张。

FINSA 强化国会报告制度，增加国会参与 CFIUS 审查所带来的最大风险是让特别利益群体借机影响 CFIUS 审查成为可能。由于美国国会制度是以选区和州为单位建立的代议制度，国会议员普遍有连选连任的需求，因此他们会十分注意所代表选区或州的产业利益及公司利益，也较容易被地方利益群体所鼓动，这使得选区产业影响本选区议员，进而影响国会成为可能。另外，国会议员贪污受贿成为某利益集团代言人的丑闻也时常曝出。因此，FINSA 加强国会对 CFIUS 审查影响力会引发国内竞争者游说国会议员阻碍外资并购交易，而这种潜在政治伤害本应避免。

"9·11"事件后，国会应警惕为了表现本党派更致力于国家安全建设而将外商投资政治化的现象。如迪拜港口案中，国会议员出于两党政治利益而不遗余力地阻止该项交易。两党议员为了向国民表现本党对防范外商投资安全问题的努力胜于他党，争相制止已经被 CFIUS 审查批准的迪拜港口并购交易[1]。美国学者评论道：增强国会参与 CFIUS 审查实质增强的是国会基于自己对外资并购不专业的判断向外资交易不断施压，阻止并购成功[2]。

国会对 CFIUS 个案审查的直接干预可能会直接减少外资

---

[1] Jonathan C. Stagg, "Scrutinizing Foreign Investment: How Much Congressional Involvement Is Too Much?", *Iowa L. Rev*, 93（2007~2008），p. 354.

[2] Susan W. Liebeler, William H. Lash III, "Exon - Florio: Harbinger of Economic Nationalism, CATO REv. Bus. & Gov'T", available at http://www.cato.org/pubs/ regulation/ regl6nld. html.

本流入美国，并对美国公司跨国投资带来障碍。美国有学者指出：外国投资政治化会产生高昂的经济成本。如外国投资者不允许进入美国航空业而让众多航空公司经历经营困难，融资空难。美国政府将外国投资政治化也使得美国投资者境外投资能力受到严重影响。[1]

因此，国会需要限制自己在外资并购个案审查中的参与程度，避免出于国家安全以外的原因将某一并购交易政治化；同时警惕特殊利益群体滥用外资安全审查程序谋取私利。

（三）建议

全球化背景下的外资并购给美国经济带来不可或缺的发展动力，但是颇具争议性的外资并购案例，如中海油案、迪拜港口案、华为案等，让国家经济发展与国家安全平衡之间的关系屡屡成为外资并购安全审查制度运用的焦点。为促进外资开放同时给国家安全提供有力保障，国会首先需考虑修改 FINSA，限制议员在个案审查中的直接参与。

国会行使外资安全监管的有效途径之一是监控外资安全审查宏观数据，而非涉足个案审查。国会可考虑要求 CFIUS 向有关议员披露总体审查情况，不涉及具体交易和具体安全考虑因素，以便在推进审查过程透明化和强化监管的同时，能有效防止外资交易政治化。

另外，国会必须将能接触机密信息的成员遵守信息保密原则予以制度化约束。CFIUS 向大量国会成员提供公司信息及外资并购交易细节会打击潜在外国投资者的投资信心，同时引发

---

[1] Editorial, "Dont Invest in America Act", *WALL ST. J.*, July 19, (2006), at A12.

潜在国内被并购公司的担忧，还会引发个案特殊利益群体鼓动国会议员妨碍正常的 CFIUS 审查与批准程序。

国会有必要适度参与 CFIUS 审查程序，然而 FINSA 在增强国会参与审查的同时，却过于强化审查程序的透明度，这增加了外资流失的可能。为了保持安全审查制度适用中外资开放和国家安全之间的平衡，国会需要考虑：在 FINSA 强化后的国会监管机制下，如何兼顾公司信息保密原则及防止 CFIUS 审查政治化。

三、主权财富基金安全审查

依照美国财政部的解释，主权财富基金（Sovereign Wealth Fund，SWF）指一国政府成立专门机构对外汇储备进行管理运作的投资基金。IMF 结合经济合作发展组织对 SWF 的定义，认为 SWF 是地方或中央政府为实现宏观经济目的而设立、持有、管理或处理的资产。这些定义均凸显了主权财富基金的基本特征，即为政府拥有并开展，且以投资收益（尤其是境外投资收益）为目标。SWF 一般为独立运作的国有资本实体。

（一）SWF 的发展

SWF 存在已久，近十年来备受关注。科威特早在 1953 年就设立了其 SWF——科威特投资局（Kuwait Investment Authority），近年来 SWF 的数目与资产价值扩张飞速。2000 年以前，世界上有不到 20 个 SWF，包括美国、阿联酋、加拿大、新加坡等。从 2000 年起，SWF 数目激增，从原有的 20 个增加到 40 个左右，包括中国、韩国、俄罗斯、智利等。目前全球已有 36 个国家和地区设立了 56 个 SWF。设立 SWF 的国家不仅包括发达国家和资源丰富的国家，还包括一些新兴市场国家和资源贫乏的国家。SWF 不仅数目激增，而且资产价值也不断升值。据估测，世界范围内的 SWF 总价值约为 1.9 万亿 ~ 3.9 万亿美金之间。

SWF 凭借国家资源提供的丰富资本活跃在世界资本市场。SWF 在 2007 年参与全球范围内企业兼并和收购占总发生数额的 35% 。2008 年 SWF 向西方金融机构注资约 590 亿美金，注资对象包括：花旗、美林、摩根士丹利等世界著名的金融集团。我国的 SWF——中国投资有限责任公司 （The China Investment Corp. , CIC） 是我国政府于 2007 年 9 月建立的 SWF。它是依照我国《公司法》设立的国有独资公司，组建宗旨是实现国家外汇资金多元化投资，在可接受风险范围内实现股东权益最大化，注册资本为 2000 亿美金。在成立后不久，它先后收购了美国黑石集团、摩根士丹利集团的部分股份。2008 年联合国的《世界投资报告》总结，SWF 作为直接投资者，成为国际直接投资的新特征。

SWF 引起学界、政界、传媒及公众的普遍关注大约始于 2007 年末，这时信用危机刚刚开始，因为信用危机给 SWF 收购贬值资产提供了更多机会，SWF 及其他国有基金开始大幅收购西方公司所有权。2007 年 8 月到 2008 年 4 月，SWF 向美国金融机构直接投资 300 亿美金，300 亿美金投资中约 90% 来自于 4 个国家的 SWF：阿拉伯联合酋长国、科威特、新加坡和中国。[1] 2007 年 3 月到 2008 年 4 月，SWF 对西方公司投资总额约 450 亿

---

[1] Peter Heyward, "Sovereign Wealth Fund Investment In US Financial Institutions: Too Much or Not Enough?", *No. 5 Banking& Fin. Servs. Pol'y Rep*, 27 （2008）, pp. 19 ~ 20.

美金。

但随着信用危机在全球范围内的恶化，SWF 在西方金融机构的投资损失惨重，这使 SWF 在信用危机后对西方金融公司投资逐渐放缓。另外，随着信用危机对全球经济影响加深，多国政府纷纷用本国的 SWF 注资国内经济，这进一步减少了 SWF 对西方公司的投资，甚至有 SWF 开始剥离其已经持有的资产。仅2008 年一年，世界范围内的 SWF 的资产价值约损失 18% ～25%。中国投资有限责任公司在 2008 年同样因信用危机遭受较大资产损失。

另外，政府开始运用本国的 SWF 拯救本国经济也是 SWF 减少投资西方公司的重要原因之一。例如，信贷危机后，挪威政府用本国 SWF 注资 148 亿美金于本国银行，缓解危机对本国金融业带来的不良影响。在科威特证券交易所于 2008 年损失 30%资产后，科威特投资局联合本国其他政府机构共建基金，注入科威特证券交易所救市。尽管 SWF 已经放缓对西方公司投资的步伐，但 SWF 仍然是西方金融体系的重要投资者之一，这一情况引起了西方众多国家对国家安全的担忧。

（二）SWF 引起的国家安全忧虑

SWF 作为西方金融体系的重要投资者之一，可以对西方金融体系产生较大影响。西方国家经济对资本市场较为依赖，它们的资本市场又受到国际 SWF 影响，这引发了公众的负面情绪，也使西方国家政府对 SWF 投资带来的国家安全问题产生担忧，尤其是来自中国、俄罗斯、中东地区的 SWF 引发了不少地缘政治议题。以美国作为东道国的角度而言，SWF 在美投资与其说引起了具体威胁（如国家安全类问题），不如说仅仅是对未知的一种恐惧。有些 SWF 对自己的投资信息披露较为详尽，包括其投资目的、结果、持有资产等均比较透明；而另外一些 SWF 则信息披露相对较少，不够透明，这让投资接受国感到恐慌与担忧。

总结美国作为投资接受国对 SWF 的担忧来自以下五方面：①为 SWF 所属国政府从事不法的金融交易；②为 SWF 所属国政府挪用战略性资产；③给投资接受国带来经济安全威胁；④SWF所属国政府以通过 SWF 掌握接受国相关资产所有权为谈判砝码；⑤SWF 资本注入关键基础设施会给国家安全带来问题。

然而到目前为止，没有任何实践性证据可以证明 SWF 所属国政府会利用 SWF 在未来从事非法金融交易，或其他违法行为，换言之，这种担心没有任何证据材料支持。

一些专家认为外国政府可能会用 SWF 所管理的充沛资金攫取投资接受国的战略性财产，如关键自然资源、国防相关技术等。这种担忧在华为并购 3COM 案中体现得十分明显。2007 年 9 月，华为这个中国内地最大的电信设备生产商与贝恩资本一起联合并购美国 3COM 公司。并购案最终失败，因为 CFIUS 发现并购成功后，华为会拥有 3COM 的 TippingPoint 技术，而该技术为美国政府和军方提供安全系统硬件和软件的支持，更重要的是 CFIUS 发现华为虽不为国有企业，但与中国军方有联系，所谓的联系主要源于华为总裁任正非有在军队服役历史。华为还并非国有企业，仅因为与军方存在联系而遭到严格的安全审查。SWF 与国有企业有着共同性，故可类比得出：美国政府对于 SWF 投资战略性资产一定会采用严格安全审查，因为美国政府对于 SWF 所属国挪用战略性资产充满担心。

有专家认为 SWF 可能给投资接受国带来经济安全威胁。首先，有专家认为 SWF 与私营资本相比具有更加复杂的动机与目的。例如，SWF 在作出境外投资决定时可能考虑实现本国外交政策目标，这可能会使投资产生扭曲性市场效应。其次，有专家认为 SWF 可能利用政府支持的背景，获取非公开的经济信息，攫取经济利益。例如，一些拥有 SWF 国家的证券规制者不愿与美国证券规制者（SEC）合作，配合调查内部交易信息。即使 SWF 没有利用政府支持获取内部交易信息，但不合作本身会使一些私营市场投资者产生猜疑，丧失投资信心。最后，还有专家认为 SWF 对美国经济安全的威胁存在于：如果他们将资金撤出美国会给经济带来的危害影响。因为若干具有重大影响力的 SWF 一旦快速清算它们在美国公司的资产会给美国经济带来明显震荡。[1] 如果多国 SWF 相继决定从美国撤资，理论上而言，会直接动摇美国经济。但多国 SWF 同时从美撤资几乎不可能，这不仅是因为多国 SWF 难以协同，更因为这样会使他们自己蒙受巨大损失。在 SWF 卖空自己投资资产的时候，售出的资产价值会迅速下滑，SWF 所获投资收益会大幅降低。另外，在全球经济一体化背景下，美国经济一旦动摇会影响其他国家经济，世界性经济危机可能再度降临。

SWF 所属国政府以通过 SWF 掌握美国相关资产所有权为谈判砝码，可能取得与美国谈判中的优势。这一担忧在美国普遍存在。有学者估计因为中国拥有美国重要公司的大量股份，故

---

[1] Jennifer Cooke, "Finding the Right Balance for Sovereign Wealth Fund Regulation: Open Investment v. National Security", *Colum, L. Rev.*, 29 (2009), p. 741.

在对台问题上，美国政府不敢公开支持台湾对中国大陆采取措施。[1]

最后，美国对 SWF 注资关键基础设施对国家安全造成威胁充满忧虑。美国的这一忧虑在迪拜港口案中体现得尤为明显。2005 年 11 月，由阿拉伯联合酋长国政府拥有的 DPW 公司成功并购伦敦半岛东方公司，由此 DPW 拥有了美国 6 个港口的经营权。DPW 的此次并购主动通报 CFIUS 后，得到了 CFIUS 审查批准。CFIUS 认为这场并购不存在潜在的国家安全风险。尽管如此，国会和民众纷纷担心阿联酋政府掌控的公司经营美国港口的关键基础设施会给美国带来国家安全的隐患。美国国会通过政治施压，以威胁通过法案阻止或延缓该项交易的做法，最终迫使 DPW 卖出了港口经营权。比照迪拜港口并购案，可预计 SWF 投资美国关键基础设施一定会遇到巨大的政治压力。事实上，证据表明 SWF 甚少投资这些"政治敏感工业领域"，以避免不必要的政治影响。

（三）SWF 对美国经济的重要性

SWF 对美国经济的稳定与增长十分重要，如果美国因国家安全忧虑或经济保护主义思想对 SWF 采取过度限制、甚至是产生敌意，美国经济则可能因此遭受重创。首先，如果美国不为 SWF 营造开放的投资环境，其他国家可能纷纷效仿或报复美国，如限制美国 SWF 的国际投资。事实上，许多国家都像美国一样

---

[1] Testimony of Alan Tonelson Research Fellow U. S. Business and Industry Council Educational Foundation before the U. S. China Economic and Security Review Commission Hearing on the Implications of Sovereign Wealth Fund Investments for National Security 1, 3 –4 （2008）.

已经建立起外资并购安全审查制度。其次，美国作为商品服务进口国，因为吸纳了大量的外国资本，它可利用外资来支付进口的商品和货物，利用外资来融通国内消费与投资。一旦美国政府限制外资进入美国，美国可利用的外资总额会减少，国内投资总额也会减少，美国生产力发展随之放缓，人民生活水平会因此下降。具体而言，外资公司为美国创造了 500 万以上的就业岗位，占美国私营领域劳动岗位的 4.6%。这 500 万就业岗位的平均薪金水平高出美国本土私营公司薪金水平 25%。2006 年，外资公司总产量占美国全国总产量的 6%，对技术研发和设计的投资占到美国国内此类投资总额的 14%。2006 年，外资公司将在美收入再投资于美国的资金总额达 710 亿美金，占其在美所获全部收入一半以上。2006 年，外资企业在美纳税金额占美国税收总额的 13%。[1] 因此，外资企业对美国经济十分重要，美国应当在保护国家安全的同时，努力保护和营造开放的外资环境。

外国 SWF 对美投资会为美国经济带来更多的收益。首先，SWF 为美国带来更多资本，这会降低资本成本总额。SWF 资本往往不是高杠杆资本，可为美国带来数量可观的长期稳定资本。其次，在全球经济一体化背景下，SWF 作为政府实体具有让全球经济稳定的利益与责任。再次，外国政府通过 SWF 投资、再投资美国，会与美国的经济发展产生直接利益关系。两国逐步加强的经济纽带能促进外国政府与美国政府间的友好政治关系。最后，美国持续处于外贸逆差国地位，美国通过进口石油、天

---

〔1〕 Jennifer Cooke, "Finding the Right Balance for Sovereign Wealth Fund Regulation: Open Investment v. National Security", *Colum, L. Rev.* 29（2009），p. 745.

然气和工业产品使外国 SWF 投资获利，而外国 SWF 又将获利资本再投资美国。如果美国不再接受 SWF 或限制 SWF 投资，SWF 将不会把所获收益再投资美国。这样不仅需要美国自己为进口商品服务买单，而且国际 SWF 会将资本转投他国，如此可能削弱美国经济势力和头号经济强国的地位。因此，面对 SWF 投资，美国须努力平衡国家安全与外资开放之间的关系。

（四）美国对 SWF 的国家安全审查制度

美国对 SWF 的国家安全风险审查包括国内法与国际法两个层面。国内法层面主要依据 FINSA；国际法层面主要依据《圣地亚哥原则》和 OECD 指引。

1. FINSA

（1）SWF 属于 FINSA 潜在审查对象。作为美国外资国家安全审查制度的最新改革，FINSA 并没有设立专门规则对主权基金予以规范。无论是 FINSA 还是《2008 细则》均未提及主权基金的概念。但这丝毫不妨碍美国外资并购安全审查制度适用于 SWF。事实上，SWF 属于该制度的重点审查对象。

就 SWF 定义可知，SWF 属于商业投资。它虽冠以主权之名，但类似于国有企业，仅表示资金来源于国家政府。SWF 的商业投资被认为独立于政府，不属于国家主权行为。故外国 SWF 对美投资收购行为无疑属于 FINSA 的审查范围。美国政府与国会均强调 FINSA 对 SWF 的适用性。美国财政部曾明确表示：FINSA 是对 SWF 的政策回应；CFIUS 审查的外资包括主权基金。在 CFIUS 审查经历中也不乏对 SWF 的并购案件审查。美国国会也重视 CFIUS 审查制度对 SWF 的并购交易审查。美国两院议员曾分别致信财政部，信中详细阐明 FINSA 对 SWF 并购审查的重要性。[1]

依据 FINSA 规定，CFIUS 需要对 FINSA 明文列举的某些种类交易启动正式审查程序（45 天期间），外国政府控制交易就属于必须启动正式审查程序的一类。《伯德修正案》第一次明确提出外国政府控制的并购交易，并对其进行特别规定。修正案要求 CFIUS 在并购涉及控制权时，对于"代表政府或受其控制"的外资，只要"可能影响"国家安全时，就必须启动调查程序。相比而言，对私人投资涉及控制权转移时，CFIUS 会先通过初审认定其是否具有损害国家安全的可能。如果有，案件方进入调查程序。

自《伯德修正案》后，外国政府控制的并购交易成为 CFIUS 审查程序的关注对象。由于近年来中国、中东等国有企业赴美并购增多，外国政府控制的并购交易愈发引起国会关注。因此，国会在 FINSA 中直接将外国政府控制的交易纳入审查范围，将其作为国家安全考虑因素，并要求 CFIUS 对此类交易启动正式调查程序。

但 FINSA 并未明确规定外国政府控制交易的内涵与外延。FINSA 仅简单将其界定为：可能会导致外国政府或其控制的实体或其代表对美国从事跨州商业活动的人形成控制的交易。[2] 而且《2008 细则》也并未进一步明确定义，仅规定：外国政府控制交易指任何可能导致美国企业被外国政府或受外国政府控

---

〔1〕　杨鸿："美国国家安全审查对主权基金的监管及其启示——结合美国国家安全审查相关规则最新改革的分析"，载《河北法学》2009 年第 6 期。

〔2〕　50 App. U. S. C. A. §2170（a）（4）.（2007）.

制或代表外国政府的个人所控制的交易。[1]

虽然 FINSA 及其细则并未明晰外国政府控制交易的内涵外延，但是 SWF 属于此类交易并无争议。在财政部代表 CFIUS 颁布"关于国家安全审查指南"中已经指明，FINSA 规定的外国政府控制交易包括 SWF。凡是 SWF 在美并购一旦涉及美国人控制权转移，都需要通过调查程序，除非财政部部长和个案牵头机构负责人共同签字认可该交易不会损害美国国家安全。[2]

CFIUS 依据 FINSA 对所有涉及外国政府控制交易无一例外地启动正式审查，且所谓的"外国政府控制交易"在实践中涵盖较广，CFIUS 在执行中更是将国有企业全部界定为外国政府控制交易且予以严格调查，许多国家指责这种做法属于歧视。中国商务部曾为此指责美国采用保护主义，将经济问题涂上政治化色彩。

（2）SWF 可采用的豁免审查情形：非控制性少数股东。当然依据 FINSA 规定，并非所有的外国政府控制的并购交易均属于 CFIUS 审查范围。成为 FINSA 的审查对象还有一个基本前提——可能取得对美国人的控制。换言之，如果外国政府控制交易不可能取得对美国人的控制，则可豁免审查。

早在《1991 条例》中就有豁免审查规定：若并购仅仅以投资为目的，取得 10% 以下的普通股则不属于取得控制权，不需接受 CFIUS 审查，因为这类股东是所谓的"非控制性少数股东"。所谓"仅以投资为目的"指并购者不打算控制或指示并购对象的基本商业决策。这类投资绝大多数是间接投资，即证券

---

〔1〕　331C. F. R. §800. 214.（2008）.

〔2〕　50 App. U. S. C. A. §2170（b）（2）（B），（D）.

投资。10%的比例是国际投资法中划分直接投资与间接投资的常用界限。如OECD的《资本流动自由化法典》就采用这一比例划分直接投资与间接投资，并规定仅直接投资属于OECD的管辖范围。

《1991条例》的这一规定在实践中带来了困惑，主要围绕"并购仅以投资为目的"和"取得10%以下的普通股"之间的关系。一种观点认为只要取得低于10%的股权就是仅以投资为目的；另一种观点认为"并购仅以投资为目的"和"取得10%以下的普通股"属于并列关系，只有两种皆满足才可豁免审查。实践中以第一种观点居多。如2006年中国投资公司收购摩根士丹利公司的9.9%股份，以规避CFIUS审查。

《2008细则》对实践中的困惑给予解答，依据《2008细则》，以消极投资为目的且取得小于10%的普通股的交易才不属于取得"控制"，才可予以审查豁免。我国有学者认为，这一规定是在美国各界对SWF在美国并购的高度关切背景下产生，CFIUS希望以此减少SWF通过并购直接或间接控制美国企业。[1]无论《2008细则》修改这一规定的目的到底为何，SWF希望仅通过压低股权来避免CFIUS审查的做法可能面临挑战。

为进一步明晰SWF等外资并购者是否属于"非控制性少数股东"，《2008细则》进一步界定：消极投资是指一个人持有或收购股权但并不计划控制公司，其持有或收购股权除了消极投资的目的不会再产生任何其他目的。[2]

---

〔1〕　徐维余："外资并购安全审查法律比较研究"，华东政法大学2010年博士学位论文。
〔2〕　31 C. F. R. §800. 302（b）（2008）.

在美国学界，对如何更好地界定 SWF 投资是否为消极投资者充满争论。除了 CFIUS 采取的"非控制性少数股东利益"的标准外，Ronald Gilson 和 Curtis Milhaupt 教授认为可通过放弃公司投票权的方式界定 SWF 的消极投资。他们认为，SWF 收购美国公司时可以放弃股权中的投票权，当这部分股权转让给外国政府控制的实体时，投票权自动恢复。[1] 他们还认为如果 SWF 是基于单纯的金融目的而投资，则不会因丧失投票权而放弃投资，因为这种方式并不会增加 SWF 的投资成本。

但以 Paul Rose 教授为代表的一些学者并不同意这样的做法。他们赞成 CFIUS 采取的消极投资标准。Rose 教授认为，期待 SWF 在投资后完全不从事任何影响公司的决定并不合理，这会迫使 SWF 选择他国投资，还会阻碍 SWF 对自己控股公司做出积极变革。Rose 教授认为 SWF 是可以对公司治理产生积极影响的。这一观点也都得到了 Ronald Gilson 和 Curtis Milhaupt 教授的认同。Rose 的观点更具说服力，因为 SWF 出于自身利益考虑，有理由对公司治理做出积极变革。如果剥夺其投票权，只会使 SWF 转而选择更适于获得投资盈利的国家，给美国经济造成不良影响。

（3）"控制"认定。FINSA 本身并未定义"控制"概念，而是由《2008 细则》对其细化规定。《2008 细则》对"控制"概念界定是以《1991 条例》为基础。依据《2008 细则》，"控制"是指：通过拥有一个企业的多数股份或占支配地位的少数

---

〔1〕 Ronald J. Gilson, Curtis J. Milhaupt, "Sovereign Wealth Funds and Corporate Governance: A Minimalist Response to the New Mercantilism", *STAN. L. REV.*, 60 (2008), pp. 1345 ~ 1360.

股份、在董事会中占有席位、代理投票权、特殊股份、合同安排、正式或非正式的协调行动安排或其他方式，而能够直接或间接决定公司的重要事项的权利。细则还列举了 10 项典型情形来阐释何为决定公司重要事项的权利，这 10 项典型情形是在《1991 条例》基础上的修改与增加。

"控制"这一概念囊括甚广。外资并购者无论是直接还是间接影响所投资实体重要事项的行为均为"控制"。何为"重要事项"？何种程度"影响"？给 CFIUS 留下了广阔的解释空间。这类需要行政裁量的规定引起了学者的忧虑，担心有关利益群体可能利用 CFIUS 程序达到自己的其他目的（如集团经济利益、政治利益等），而非保护国家安全。例如英国一家公司 Tire&Rubber's 欲敌意收购美国诺顿公司（Norton）。这场收购如果成功会损害诺顿公司职工利益，因此这些职工集齐了 8300 个签名进行请愿，还在华尔街杂志（Wall Street Journal）上刊登了反敌意收购的广告，190 名国会成员也为此联合向总统致信，要求对这起外资收购交易发起安全审查。稍晚时候，一家法国公司在竞购中胜出英国公司，并为诺顿公司员工安排了更好的补偿方案，诺顿公司中没有任何人提出应对法国公司的外资收购发起安全审查，同时也没有任何证据表明英国公司的收购计划就比法国公司的收购计划更具国家安全风险。通过该案例可见，"控制"概念的模糊界定可能导致 CFIUS 审查程序被滥用，SWF 作为外资并购主体同样会面临此类问题。

2. 国际标准

OECD 和 IMF 是国际金融监管制度的创建者与维持者，美国是 IMF 和 OECD 的主要成员，在其中发挥积极推动作用。在美英等国积极推动下国际组织为 SWF 及资本接受国制定的行为准则主要包括：IMF 的《主权财富基金普遍接受的原则和做法》（简称《圣地亚哥原则》）及 OECD 的《投资接受国与国家安全相关的投资政策指南》（简称《指南》）。美国签署了这两项国际条约，因此，SWF 在美国境内投资行为不仅要受到美国国内法约束，还需接受美国所认可的这两项国际行为准则规制。

（1）IMF 的"圣地亚哥原则"：SWF 行为准则。IMF 在 2008 年华盛顿会议上成立了主权财富基金国际工作组（简称 IWG），IWG 由 IMF 中 26 个拥有 SWF 的成员国组成，工作组的组成目的之一为，起草《主权财富基金普遍接受的原则和做法》（General Accepted Practice and Principles，GAPP）。GAPP 致力于为 SWF 提供制度框架、治理和投资操作支持。GAPP 基本内容含：①第 1~5 条关于法律框架、目标及宏观经济政策的协调；②第 6~17 条关于体制框架和治理结构；③第 18~23 条关于投资和风险管理框架。并非所有的 GAPP 条款均与投资接受国的国家安全有关，在有关的这部分条款中，若干条款着力保障 SWF 能够独立经营运行，不受本国政府干扰。例如 GAPP 的第 6 条原则为：SWF 应当建立清晰完善的治理框架，有明确有效的职责分工，以促进 SWF 的问责制和独立经营。第 9 条原则要求 SWF 在经营管理中应当以独立的方式实施经营策略，还应明确责任承担。这些原则都体现了 GAPP 要求 SWF 将所有者、治理机构与管理层的功能相隔离，促进 SWF 经营管理独立化，避免投资决定政治化。

GAPP 的第 16 条原则要求 SWF 应该对其治理框架、投资目标及方法进行信息披露。SWF 存在资本规模庞大和投资敏感的特点，使得其运作具有保密性特点，这一特点加大了投资接受国对其监管的难度，因此 SWF 应遵循投资接受国所适用的外资监管和信息披露要求。

GAPP 的第 11 条和第 12 条原则要求 SWF 增强透明化。SWF 应当向投资接受国公开所有相关财务信息，准备年度报告及相应的金融材料证明，年度报告中的审计内容应达到国际或资本接受国的审计标准。证明材料应当提供足够的证据证明 SWF 依照其公开的既定目标与投资策略运营，审计要求可以增强证明材料的可信赖度。此类规定可以帮助资本接受国监控外国 SWF 投资是否存在潜在的国家安全风险。

GAPP 规定的透明化原则并不意味着投资信息的绝对透明。GAPP 主要要求公开总体资产分配，不要求个别资产分配，因为细节化投资信息的公开会给 SWF 造成投资安全风险。外媒曾报道中投公司前任董事长楼继伟对信息透明化原则的评价："透明化是个难题，信息透明化是一个渐进的过程，如果我们对所有信息透明化，我们会被狼吃掉。"[1]

依据 GAPP 第 13 条原则，SWF 应当在其组织内明确自己的职业道德标准，并让自己的组织机构、管理层和员工能认识、了解所制定的标准。GAPP 并未规定职业道德标准的具体内容，但职业道德标准的制定过程中应当包括 GAPP 规定的所有原则。GAPP 规定的原则中包括号召 SWF 遵守资本接受国的法律，这意味着不威胁资本接受国的国家安全应属于 SWF 的职业道德标准之一。

---

[1] Martin Arnold, "China Fund Chief Warns on National Security", *Fin Times*, Dec. 11, 2007.

GAPP 并不对 IWG 成员国具有强制约束力，成员国对于 GAPP 的实施或计划实施均遵从自愿，成员国在实施 GAPP 规则时还需考虑本国国内法的规定。理论上而言，GAPP 内容的实施应当可以促进全球经济发展繁荣，但是 GAPP 的实际影响取决于 SWF 是否实施及在何种程度上实施。

（2）OECD《指南》：资本接受国准则。OECD 组织是建设投资自由化国际制度的积极推动者，在 2008 年 6 月 OECD 部长级会议上，部长们代表 33 个资本接受国共同宣言，承诺保持与深化 SWF 的国际投资开放政策。为防止资本接受国以保护国家安全之名，行保护主义之实，OECD 于 2008 年 10 月颁布了《投资接受国与国家安全相关的投资政策指南》，目的是规范投资接受国的政策，进一步深化国家投资开放政策。OECD《指南》的内容突出了四个侧重点：

第一，《指南》中强调资本接受国应落实非歧视原则。资本接受国应当给予外国投资者与本国同样的投资地位与待遇。资本接受国可以防范外资并购个案中产生的潜在国家安全风险，但不能普遍地对外资施以歧视性限制。

第二，《指南》要求限制投资的措施要具备透明度以增加其可预测性。为此，各国投资法限制措施需要法律规划并且予以公开；对外国投资的审查应有明确严格的时间限制，在审查中需要保护投资者的商业秘密或敏感信息。结合美国外资并购安全审查制度而言，虽然 FINSA 强化了国会监督机制，被学者认为有泄露投资方商业秘密的可能，但 CFIUS 在实际审查中一直十分注意保护商业敏感信息。

为保证审查程序的公开性，增强其可预测性，《指南》要求政府在保证商业秘密基础上需考虑适度公开投资政策规制行为，公开规制国际投资的法律规范。结合美国的 CFIUS 审查程序来看，FINSA 及实施细则、指南等规定了在外资并购安全审查中会考虑的安全因素及审查标准。

另外，《指南》还呼吁投资接受国政府在修改投资政策的时候应当通知并咨询相关利益群体。FINSA 及其细则中对于这类通知和咨询亦有明确规定，如国会在修改国际投资类的立法时会举行听证大会，邀请相关利益群体与会。虽然并没有直接证据表明美国总统下达规制国际投资类的行政命令时召开咨询会议，但通过以往案例可确定总统会考虑相关利益群体的立场。

第三，明确投资接受国制定限制投资措施应当遵循合乎比例原则，对于投资限制及交易条件不应超过保护国家安全所需，如果已经有足以保障国家安全的措施，应避免采取重复性投资限制。这一点从《埃克森－弗洛里奥修正案》至 FINSA 的法律规范中均有明确体现，总统对外资并购行使否决权的前提是并购交易存在威胁国家安全的风险，而且其他法律没有充分赋予总统防范此风险的权力。而且，CFIUS 对每一项主动申请或通知审查的交易均进行个案裁量，通过调查个案事实分析可能存在的具体风险。同时，对调查发现存在安全风险的交易，CFIUS 也不会直接对其否决。CFIUS 多通过与交易双方协商拟定风险缓和协议。风险缓和协议可以达到既不否定收购交易，又能将国家安全风险置于可控范围的双赢效果。风险缓和协议体现了美国政府慎用限制投资措施的原则。

第四，强调投资接受国的责任。《指南》规定各资本接受国应确立行政、立法、司法各部门监督责任并定期进行影响评估，重大投资决策（含禁止国际投资决策）须经政府高层决定，以明确投资措施决策的责任归属。接受国的投资政策需要对民众负责，应给外资提供需求协助的通道。结合美国外资并购安全审查制度，安全审查法律均由国会通过，由总统签署方能生效。但是《指南》要求为外资提供需求协助的通道这一点在美国法中体现欠佳，因为 FINSA 并未规定总统最终决定需接受司法管辖，这使得外资并购交易双方在不服安全审查最终决定时，无司法救济途径。

在自愿基础上接受《指南》意味着不仅要使自己的国家制度符合《指南》的原则规范，还要参加 OECD 的同业监督程序。该程序是由来自不同国家的基金信息与政策分析者，通过分析 OECD 提供的数据，通过与参加的成员国进行深度访谈来评价这些成员国是否遵守 OECD 规制以及在何种程度上遵守。OECD 每年都会给各成员国提供一份报告，来评价该国在具体领域的国际承诺履行情况。通过同业监督程序和报告制度可以督促成员国更好地履行对 SWF 的开放投资的承诺，提升本国的外资开放程度。OECD 认为这种同业监督程序可以催生其他督促义务履行的方式，如正式建议的方式、非正式对话的方式、公共监督对比的方式等。基于此，美国应当继续改革外资并购安全审查制度，更好地遵循 OECD 原则，为 SWF 的赴美投资打造更友好开放的投资环境。

（五）美国现行制度优化对策

在全球经济一体化背景下，越来越多的国家会思考如何保持外资开放政策与国家安全之间的平衡。就美国而言，对 SWF 规制已有先发优势：外资安全审查制度已有长期的积累与沉淀，已拥有在外资开放与国家安全平衡问题上的探索经验，未来发展中应当格外关注如何在实践中对外资达到合理开放的程度，应当考虑制度效率因素与安全因素。

第一，设置审查安全港产业。为了提高外资并购安全审查，尤其是针对 SWF 审查效率，美国政府可考虑设定安全港产业。对于发生在几乎不存在国家安全问题领域的产业并购交易，可以直接不予审查，例如时装零售业等。现行审查制度下，外资并购方无论从事何种行业的并购总会或多或少地心怀忐忑，因为即便自己判定交易不会产生安全风险，为提高交易效率不报送 CFIUS 审查而直接完成并购，并购后 CFIUS 仍有权发起审查，一旦 CFIUS 发现风险就可能要求已经完成的并购方剥离财产，给外资并购方带来严重经济损失。

基于此，美国可尝试设置安全港产业，直接圈定安全风险极小的行业免于审查。这样不仅可以让外资并购方更安心高效地投资，也可以为 CFIUS 减轻审查压力，还能够避免安全审查程序被利益相关群体操纵滥用。

第二，有条件、有选择地对 SWF 豁免审查。美国还可以考虑对某些国家的 SWF 豁免 CFIUS 程序，前提是这些 SWF 愿意接受圣地亚哥规则或类似规则的约束，而且 SWF 的所属国与美国建立了长期的友好关系。美国对 SWF 的豁免并非绝对，当出现新信息时、地缘政治变化时或被豁免的 SWF 是通过隐瞒信息或伪造虚假信息获得豁免的，均可终止对该 SWF 的豁免。

例如，有美国学者提出美国可对挪威 SWF 豁免安全审查。挪威与美国关系一直友好，没有发生过明显冲突。挪威的 SWF 具有很强的信息透明度，且能良好地遵守投资道德规范，挪威政府还设立了道德委员会监督 SWF 对道德规范的遵守，损害他国国家安全属于道德规范禁止的行为之一。挪威 SWF 指南中规定 SWF 目的是获得最大化的金融收益，只要这些金融机会符合道德规则。[1]

目前在国际组织的推动下，主权财富基金的国际规则已初具框架，且外资开放政策与国家安全得到了较好平衡。为使美国经济享受更多开放政策带来的收益，为使 SWF 在国际投资领域健康蓬勃发展，美国应当考虑运用更多合理高效的政策优化本国的国际投资环境，只要这些政策不会埋藏有国家安全隐患。

四、审查结果的可诉性

（一）审查结果可诉性的理论探讨

依 1988 年通过的《埃克森－弗洛里奥修正案》，美国总统有权以"国家安全"理由，阻止外国人对从事州际商务的美国人实行兼并、收购或接管，具体是通过制定总检察长在地区法院寻求采取包括资产剥离在内的措施，总统的决定本身不受司法审查。

但是修正案并未明示 CFIUS 的决定不受司法审查。考察 CFIUS 的起源、结构及审查程序特点可以确定它属于行政机关，在起诉 CFIUS 的第一起案例中，联邦政府并未否认 CFIUS 的行政机构地位，CFIUS 作为行政机构需遵守美国《行政程序法》。依据《行政程序法》的规定，行政机构最终决定具有可诉性。

〔1〕 Larry Cata Backer, "The Private Law of Public Law: Public Authorities as Shareholders, Golden Shares, Sovereign Wealth Funds, and the Public Law Element of Private Choice Law", *Tul. L. Rev.* 1801, 82 (2008), p. 1852.

《埃克森－弗洛里奥修正案》条款未规定 CFIUS 决定免受司法审查，实际上也暗示 CFIUS 审查结果可诉。修正案被冠名为"行动与决定不受审查"的 E 部分指出，总统依照本部分的第 1 段（d）节采取的行动，和总统依照第 4 段（d）节作出的决定均不受司法管辖。依该法条，总统司法管辖的豁免权覆盖基于修正案作出的任何决定和行动。国会明确赋予了总统司法管辖豁免权，但对于 CFIUS 只字未提，这暗示了国会并不希望 CFIUS 也被予以豁免。

《行政诉讼法》规定像 CFIUS 这样的行政机关可属于司法审查对象，而《埃克森－弗洛里奥修正案》又对 CFIUS 是否可豁免审查保持沉默，这就为 CFIUS 决定的可诉性提供了强有力的依据。如果 CFIUS 的成员超出了 1988 年通过的《埃克森－弗洛里奥修正案》或 2007 年修订的 FINSA 对于它的赋权作出行政决定或行为，给行政相对人带来财产损失，应当接受司法审查。美国最高院在运用《行政诉讼法》过程中，通过案例不断表达自己对《行政诉讼法》的立法解读，即该法立法前提是支持行政行为接受司法审查。

（二）三一集团诉美国总统否决并购侵权案

1. 诉讼提起

外资并购安全审查结果是否可诉，在司法实践中，第一个提出这一问题的是中国三一重工集团。2012 年 2 月 28 日，中国三一集团（SANY GROUP）的子公司罗尔斯（Ralls）与希腊电网公司特纳（Terna）公司签订了资产并购合同。通过这一合同，罗尔斯成功并购了特纳在美国俄勒冈州的 Butter Creek 风场项目。这一外资并购协议属于 CFIUS 审查对象，因为它虽然是外国人取得另一外国人某项目所有权，但该项目在美国设立经营。罗尔斯公司未就此交易向 CFIUS 提交主动审查通知，据后来三一重工集团董事长发言判断，既然希腊公司拥有该项目不存在国家安全威胁，那么中国公司集团拥有该项目自然也不会存在安全威胁。但事实证明这一推断过于乐观。

这家风电场位于美国海军军事基地附近，其中有 3 个风场距离海军限飞空域 7 英里，另外一个风场完全处于限飞空域范围内。美国海军发现后与罗尔斯公司交涉，以 Butter Creek 项目中一个风场可能影响空军训练为由要求罗尔斯公司将该风场搬迁，罗尔斯公司同意对风场搬迁，但搬迁后仍然处在限飞空域范围内。

2012 年 6 月，国防部向 CFIUS 提交通知，要求调查罗尔斯公司并购项目的国家安全问题，CFIUS 启动审查。罗尔斯配合调查，在 6 月 28 日向 CFIUS 提交主动审查通知及相关报告，就并购交易相关内容作出说明。2012 年 7 月 25 日，CFIUS 就所掌握的信息分析得出并购交易存在国家安全威胁，并颁布禁令（简称 7 月禁令）。7 月禁令是 CFIUS 在安全审查中行使减缓安全威胁权。依据 FINSA（b）(2)(B) 条规定，任何已达成的外资并购协议，涉及 FINSA（b）(2)(A) 条所述情形，由 CFIUS 进行交易安全风险分析。[1] 依据 FINSA（b）(2)(B) 条，CFIUS 可以对存在安全威胁的交易采取包括禁令在类的多种措施，但有两个前提：

第一，启动减缓安全威胁权后，CFIUS 应迅速从初审程序

---

〔1〕 FINSA §2170 (b)(2)(B).

转入 45 天的正式调查程序。从 CFIUS 6 月 28 日收到罗尔斯书面报告起算，到 7 月 25 日下达禁令，属于初审阶段，7 月 25 日后应进入调查程序。

第二，当 CFIUS 运用 FINSA(b)(2)(B)条赋予的权力时，FINSA(b)(2)(A)条同时被予以运用。FINSA(b)(2)(A)条提出，CFIUS 应代表委员会的利益，与并购交易方进行谈判磋商、（双方）达成或（CFIUS）提出减缓安全威胁条款，以便减缓 FINSA 所规范的交易安全风险。FINSA(b)(2)(A)条提出为减缓风险，CFIUS 可以提出任何必要的条件或达成任何必要的协议。关键问题是"任何"具体含义是什么？FINSA 关于减缓安全威胁部分的规定与"总统决定"部分的规定有显著区别，虽然减缓安全威胁部分用到"任何"的概念，但"任何"并不当然包括"延迟"或"阻止"，因为"延迟"或"阻止"一项交易仅在"总统决定"这一部分有涉及。

7 月禁令中提到：①罗尔斯公司应立即停止在 Butter Creek 项目区的所有建设和运营，且不能够再进一步实施任何建设与经营活动；②应在 2012 年 7 月 30 日前移除所有库存或储存项目，且不能再增加新库存或储存项目；③应当立即停止进入该项目区域。这项禁令使罗尔斯的财产权受到严重贬损，禁令中无论是停止建造、经营，还是禁止进入项目场地都只在 FINSA 的"总统决定"部分出现过，CFIUS 的禁令内容是否已经超出减缓安全威胁条款所赋予的权力？

依据美国《行政诉讼法》，如果减缓威胁条款确实赋予了 CFIUS 可以像总统一样行使"阻止"或"延迟"的权力，那么法院无权对这一决定进行司法审查。但是如果减缓威胁条款中所用的"任何"并不包括总统权力，那么法院就可以对禁令决定予以管辖。最终，这个问题并未获得明确答案，因为7月禁令很快被8月禁令所取代，而8月禁令又被总统决定所取代。

2012年8月2日，CFIUS发布了第二项禁令：①立即停止在Butter Creek项目区的所有建设和运营；②移除所有的库存或储存项目，不能将新的项目留在项目区域或规定的区域或距离限飞空域的距离近于规定地点的地方；③立即禁止任何人进入该项目区域，除非是与该公司签订了合同且经CFIUS批准的美国公民按照命令的要求仅为清除项目；④禁止出售、转让或促使出售、转让三一集团审查的任何项目给第三方使用或者在项目区域安装；⑤该项目公司和资产禁止转让或出售给任何第三方，直到所有区域项目移除完毕，且告知CFIUS潜在接受者或买方信息，CFIUS在10个工作日公告期内未拒绝。[1]

8月禁令中关于禁止，将被禁止交易扩大到交易出售、转让或促使出售、转让任何第三方颇具争议。因为依据FINSA，法定审查范围是"会导致外国人控制的美国财产"，而禁令中却禁止出售或转让给"任何第三方"，如果罗尔斯转让或出售的对象是美国人，则CFIUS缺乏管辖权，因为罗尔斯是一家注册在特拉华州的公司，如果它与另一个美国公司交易，则是美国公司之间的交易，不属于外资并购。事实上，CFIUS颁布8月禁令的背景之一是，2012年7月31日，罗尔斯公司通知CFIUS有一个美国公司愿意购买Butter Creek项目。

CFIUS和它开展的外资安全审查程序是为了规范美国财产

---

[1] Compliant for Declaratory and Injunctive Relief at 10~11, Ralls Corp. v. Committee on Foreign Inv. in the U. S. , 626 F. Supp. 2d 71.

离开美国人控制的交易，FINSA 或其他联邦法律从未赋予它权力去规范回归美国控制的财产。当行政机构未能依法行政、合理行政，给行政相对人带来损害时，美国《行政诉讼法》赋予行政相对人可通过司法寻求救济的权利。因此，罗尔斯具备起诉 CFIUS，解除不合理禁令的权利。

面对严重贬损公司财产权而又颇具争议的禁令，2012 年 9 月 12 日，罗尔斯公司在美国哥伦比亚特区联邦地方分区法院对 CFIUS 提起诉讼，提出撤销禁令的动议。9 月 13 日，CFIUS 将正式审查后得出的分析报告及建议提交奥巴马总统。依据 FIN-SA 规定，奥巴马最迟将于 9 月 28 日作出最终决定，届时 CFIUS 禁令自动失效，故罗尔斯撤销了之前提出的动议。

2012 年 9 月 28 日，奥巴马总统签发最终决定，决定指出，有可靠证据证明罗尔斯公司与美国俄勒冈州 Butter Creek 项目中 4 个风场经营权的并购可能威胁国家安全，且罗尔斯公司可能采取威胁或损害美国国家安全的行为，由此禁止该项目并购。总统决定具体包括：①罗尔斯与特纳公司交易被禁止，罗尔斯不应将项目或财产出售或转让给任何第三方，除非该第三方满足决定所规定的相关要求；②罗尔斯公司应在 90 日内剥离在Butter Creek 项目的财产和任何被其开发、保留或控制的业务；③罗尔斯公司应在 14 天内从项目区域和项目所有备用场所撤出全部装置或其他设施。奥巴马总统作出这一决定不仅基于 FINSA 的赋权，同时基于国际紧急经济权力法案（International Emergency Economic Powers Act）。[1]

---

〔1〕 Order Regarding the Acquisition of Four U. S. Wind Farm Projected Companies by Ralls Corporations, 77 Fed. Reg. 60, 281 (Sep. 28, 2012).

2. 诉讼审理

面对总统决定，罗尔斯修改了起诉内容，于 2012 年 10 月 1 日将奥巴马总统和 CFIUS 列为共同被告，向法院递交新修改的起诉书。罗尔斯修改后的主张主要有：①CFIUS 就 Butter Creek 项目下达的两项禁令超出了第 721 条款授权；②CFIUS 就 Butter Creek 项目针对罗尔斯公司及三一集团其他公司下达的两项禁令缺乏事实依据，便采取严厉措施，如强制性停工、禁用三一集团设备等，违反了美国《行政程序法》；③奥巴马总统就 Butter Creek 项目针对罗尔斯公司及三一集团其他公司下达的各项禁令已超出了宪法及相关法律所赋予的权限；④奥巴马总统和 CFIUS 就 Butter Creek 项目针对罗尔斯公司和三一集团其他公司下达的禁令未经合法程序剥夺了罗尔斯公司的私有财产权，违反美国宪法第五修正案（正当程序原则）；⑤奥巴马总统和 CFIUS 就 Butter Creek 项目所发各项禁令，突出罗尔斯公司三一集团高管的中国公民身份，对罗尔斯公司并购 Butter Creek 项目进行选择性执法，侵犯了罗尔斯公司享有平等保护的宪法权利（罗尔斯公司为美国公司）。[1]

（1）第一请求与第二请求。罗尔斯在提交修改的诉讼理由时，还提交了加速审查的动议。针对罗尔斯提出的五项诉讼请求，哥伦比亚特区联邦地方分区法院逐一作出司法分析。罗尔斯前两个请求均针对 CFIUS，认为 CFIUS 下达的 7 月禁令和 8 月禁令超出授权，且缺乏事实依据。法官认为，长期以来，联邦法院无权对缺乏实际意义的法律争议或抽象的法律问题进行司

---

[1] Amended Compliant for Declaratory and Injunctive Relief, Ralls Corp. v. Committee on Foreign Inv. in the U. S. , 926 F. Supp. 2d 71 .

法审判。在 2012 年 9 月 28 日，美国总统作出最终决定的时候，CFIUS 就 Butter Creak 项目并购交易所颁发禁令均已被总统令所撤销，不再具备实际效力。法院必须审理实际争议，因为宪法要求法院审理的争议须"真实且仍在进行"。CFIUS 的禁令已经被撤销，法院再对这两项禁令审判已经不能对双方当事人现实权利产生影响，也不会对双方将来的权利产生影响，故这两项请求没有审理的必要。

但罗尔斯公司主张，虽然这两项禁令已经撤销，但是 CFIUS 可能再度对自己发布禁令，而且 CFIUS 有逃避司法审判的行为，对可能重复出现且逃避司法审判的行为属于法院须审理实际争议规则的例外。

在援引该例外时，原告需证明自己已尽最大努力阻止案件变得没有实际意义，这种例外也被称为"保护伞规则"，规则目的是用于被告有意逃避司法审判的情形。另外原告还需证明，基于合理期待，相同申诉方将再次经历同样争议。

结合本案事实，法官认为，CFIUS 于 2012 年 7 月 25 日颁发禁令，再于 2012 年 8 月发布修改后的禁令。罗尔斯公司直到 2012 年 9 月 12 日才向法院提交了撤销禁令的动议，这已经距离 8 月禁令颁布日期约 40 天，距离总统发布总统令的时间剩下 15 天。即便仅剩 15 天，法院依照罗尔斯要求安排了 2012 年 9 月 20 日听审，但罗尔斯在听审前自愿撤销了自己提出的动议。因为自愿撤销动议，罗尔斯公司就没有履行"尽最大努力阻止案件变得无实际意义"的义务，不符合罗尔斯公司主张的逃避审判例外。

法官还指出，罗尔斯公司也未能证明，基于合理期待，相同申诉方将再次经历同样争议。所谓"同样争议"多指涉及特定的招商政策、规章制度、指导方针、周期性的相同行政行为。因此，为查明相同类型的诉讼争议是否会再次发生，法院首先会查明相同行为是否会重复出现。结合本案而言，法官需先查明 CFIUS 颁布禁令的行为是否会重复出现。

罗尔斯认为自己会继续并购美国境内的风电场，因此很可能再次受到 CFIUS 的外资并购安全审查。但罗尔斯公司并不明确自己将在哪里安装涡轮机，也未对未来风电场建造经营细节提供相应信息。据此美国法院认为，不能仅据此合理推断出未来交易存在国家安全威胁，将受到 CFIUS 审查抑或再次被颁布禁令。

更重要的是，CFIUS 安全审查程序强调个案审查，即 CFIUS 依据每个案件的具体事实来判断，故法院难以依据罗尔斯提供的抽象信息合理推断罗尔斯公司在其他地方的并购交易将受到 CFIUS 的同样对待。基于此，法院同意被告撤销前两个诉讼请求的动议。

（2）第三请求。早在 1988 年的《埃克森－弗洛里奥修正案》中，就规定外资并购若涉及与美国国家安全相关的产业将受到 CFIUS 审查，经审查分析认定该并购交易威胁国家安全的，CFIUS 可将交易提交总统，由总统作出最后决定，对交易采取禁止或阻碍等措施，这一规定在 2007 年重新修订 FINSA 时被保留。

罗尔斯认为美国总统对 Butter Creek 项目并购交易的决定已超出了 FINSA 的授权，因为 FINSA 规定的总统权力仅限于暂停或禁止"会导致外国人控制美国人或财产"的并购交易，而总统决定中却禁止出售或转让给"任何第三方"。

对罗尔斯的主张，法院首先考察自己是否拥有此争议的管辖权。依照美国行政法规定，行政行为在法律为明确禁止审查时，均可受到司法审查，这种法律未明确规定的审查称为"非法定审查"。美国行政程序法和 FINSA 均未授予法院审查总统行为的权力，如果法院对总统行使审查权则属于非法定审查的一种。原告诉讼请求中主张总统行政行为越权，依据先例，法院可对越权行为进行审查。

但这并不代表法院可以通过非法定审查审判总统的越权行为，因为法院审判越权行为的例外是不针对与总统有关的行政行为进行审查。原告辩称自己的主张并非直接针对总统，而是希望法院禁止总统的下级行政官员执行总统决定，故自己的主张可以被司法审判。但被告方认为，给予原告禁止下级行政官员执行总统决定的救济方式并不合理，因为本案的总统令针对国家安全威胁而颁布，总统在国家安全领域具有宪法赋予的权力、广泛裁量的权力及特定管辖权，故总统令并不存在越权。被告还指出，FINSA 条文明确排除了对总统决定的所有审查，这应当包括非法定审查、越权审查，故法院对此争议没有管辖权。

法院支持了被告的理由。法院认为，首先，虽然原告可以仅禁止下级行政官员执行总统决定，但是总统会为此不得不颁布一个新的决定，原告的救济请求仍然不可避免地直接影响到总统。其次，国会通过 FINSA 明文规定，一旦总统完成了恰当的调查与分析后作出决定，该决定不受审查，这意味着国会有意排除对总统决定的非法定审查。最后，罗尔斯公司认为总统权力限于暂停或禁止"会导致外国人控制美国人或财产"的并购交易也并不合理。这种对法条的限制性解释违背了法律解释的基本原则。FINSA 已经赋予总统广泛的权力，可采取任何合理措施以维护美国国家安全，因此总统颁布的决定并未超越法定权限。

法院最后特别指出，FINSA 其实给司法审判总统令留下了余地，因为 FISNA 原条文强调的是，一旦总统完成了必要的调查与分析后作出决定，该决定不受司法审查。如果总统并没有完成恰当调查与分析便作出决定呢？如果总统并没有充分考虑禁止或限制交易的恰当性呢？如果总统并没有在 CFIUS 提交的交易中发现损害国家安全的因素呢？理论而言，上述主张均可潜在归属于司法审查，但罗尔斯公司在审判中并未主张总统没有完成恰当的调查与分析。基于此，法院同意被告撤销该诉讼请求的动议。

（3）第四请求。原告罗尔斯公司的第四项请求是总统令未经合法程序剥夺了自己私有财产权，有违美国宪法第五修正案的规定"不经正当程序，不得剥夺生命、自由或财产"。依据原告主张，第五修正案赋予罗尔斯公司听取总统决定和寻求解释的机会。被告却认为：原告通过这一主张实际寻求的是总统决定的细节解释，以便原告可以对总统决定进行进一步的"抨击"，原告的这一主张就等同于要求对总统决定进行司法审查，这是为 FINSA 所明文禁止的。

法院认为 FINSA 确实禁止法院审判任何对总统决定的抨击，但是原告仅要求法院裁定什么样的保障程序才是正当的；原告并非要求法院评估支持总统决定的理由是否充分，这二者存在明显差异。法院经审批发现，没有清楚明确的证据表明国会想使总统令免于有关正当程序的审查，故法院有权对该诉讼理由进行审查，据此驳回被告请求撤回起诉动议的要求。

原告主张未经合法程序剥夺私有财产权，应当证明两点要素：被剥夺的权利应受法律保护；政府未按宪法的要求履行充分程序。

对于第一要素而言，被告认为罗尔斯并未在 Butter Creek 项目上获得任何财产权。罗尔斯公司认为应当将自己在并购项目中获得的财产权作为受正当程序保护的财产权看待，因为交易被总统否决的事实不应影响到法院的正当程序调查。

法院通过审理认为，虽然罗尔斯公司通过并购交易获得了一定财产权，但是在并购交易前，罗尔斯公司并未主动向 CFIUS 递交审查通知，这促使 CFIUS 和总统作出剥离财产的决定。

依据 FINSA，受该法管辖的外资并购交易，可由交易方在并购交易实施前主动向 CFIUS 提交审查通知，如果交易方不主动提交通知，在完成并购交易后，CFIUS 或其成员机构发现交易存在国家安全威胁，可能导致已完成交易被禁止，并剥离交易方获得的并购资产。这一规定极富威慑力，外资并购交易方纷纷选择先进行安全审查，通过审查后，再进行并购交易。罗尔斯公司在并购交易前未能主动向 CFIUS 提交书面审查，相当于放弃了法律赋予的避免外资安全审查制度带来财产损害的权利。因此罗尔斯公司并不能证明自己被剥夺权利受到法律保护。

对于第二要素而言，虽然罗尔斯公司认为总统在颁布最终决定前，没有基于通知，自己难以知悉其采取的措施与理由，但是政府认为无论是 CFIUS 还是总统均已经按宪法要求履行了充分程序。被告辩驳称：在罗尔斯公司向 CFIUS 提交审查申请的时候，CFIUS 向当事人进行了系列询问，并且在发布禁令前与罗尔斯公司进行了沟通，且在总统最终决定作出前，罗尔斯公司也被给予通知，接受询问，并据此获得了宪法所赋予的正当程序。法院支持被告的上述辩驳理由。基于此，法院认为虽然罗尔斯公司的财产权在事实上确实被剥夺，但是在政府维护国家安全的背景下，并不属于被非法剥夺。

（4）第五请求。罗尔斯公司认为总统决定触犯了宪法平等保护原则，自己的雇员和高管的中国公民身份使自己受到了不公平、不公正的对待。被告辩称，这一诉讼请求的司法审查为 FINSA 的终局条款所禁止。法院支持被告的辩驳，因为要想审理第五请求，法院必须先审查总统决定的实质内容，这一点已经被 FINSA 的终局条款所禁止。

法院认为，罗尔斯公司主张的并非群体性歧视，而是个案歧视，这类审查就不可避免地要求法官对支持总统作出决定的具体事实进行调查与分析。换言之，平等保护主张要求法官在审查总统决定的同时，调查总统作出决定的原因，这相当于明确要求国会撤回 FINSA 的终局条款。基于此，法院同意被告撤销该诉讼请求的动议。

3. 本可主张的诉讼理由：CFIUS 调查程序问题

在 CFIUS 审查罗尔斯并购交易过程中，CFIUS 的审查是否合乎 FINSA 的程序规定是值得讨论的一个问题。

基于 FINSA 规定，CFIUS 的 30 天初审期是从接受并购方书面申请通知开始起算的。本案罗尔斯提交申请通知的日期为 2012 年 6 月 28 日，30 天初审期自此起算，于 2012 年 7 月 27 日截止。

且依据 FINSA 条款规定，CFIUS 不应在初审结束才动手展开正式调查，而是应当在 CFIUS 发现交易存在国家安全威胁时就立即展开调查。结合本案来看，CFIUS 在 7 月禁令中就表示发现了罗尔斯交易存在国家安全风险，从此时起 CFIUS 便应进入正式调查程序。正式调查时间为 45 天，因此正式调查结果应当最晚在 9 月 10 日作出，而总统在接到 CFIUS 的报告与建议后 15 日内需作出决定，即总统最终决定应当在 9 月 25 日前作出。结合本案来看，CFIUS 在 9 月 13 日才向总统提交分析报告与建议，总统决定在 9 月 28 日作出。就程序而言，总统最终决定已经超出了 FINSA 所要求的期限。

罗尔斯在一审中并未就调查程序问题提出任何主张，仅对 CFIUS 禁令和总统决定实体内容提出司法审查，因此法院并未在审判中关注上述程序问题。

4. 二审判决

原告罗尔斯在 2013 年 10 月 10 日接到了美国哥伦比亚地方分区法官的准予被告撤案的动议，2013 年 10 月 16 日，罗尔斯公司就该案依法向哥伦比亚特区上诉法庭递交了上诉申请。2014 年 7 月 15 日，美国哥伦比亚特区联邦上诉法院合议庭就案件作出二审判决。判决书指出，罗尔斯在 Butter Creek 项目中具有享受宪法程序正义保护的财产权；奥巴马总统下达的总统令违反程序正义；CFIUS 对此项目下达的各项命令不因奥巴马总统令的下达而自动免于司法审查。上诉法院撤销一审原判，要求一审法院重新审查。[1]

罗尔斯上诉的核心内容不再是奥巴马及 CFIUS 禁令内容有误，而是认为禁令执行程序缺乏正义，未能提出充分的证据、理由等。罗尔斯上诉核心内容的策略性转变取得了较好的审判结果，上诉法院的判决意味着罗尔斯在 Butter Creek 项目上获得了重新审查裁量的机会。

（三）案件启示

1. 明确 CFIUS 审查决定的可诉性

在全球经济一体化的格局下，美国无论是吸纳外商直接投资还是赴他国直接投资数额均为世界前列，且稳步提升，这从客观上促使美国作为世界头号经济强国，率先为外资提供友好、公平、透明的投资环境。

CFIUS 审查决定应当接受司法审查，这不仅于立法有据，也是美国优化国际投资环境的需求。美国外资并购安全审查法自 1988 年至今已历经数次重大改革，每一次立法改革中，国会均未明确提出 CFIUS 审查决策可免于司法审查，行政行为应接受司法审查本为《行政诉讼法》所明确的常态，故 CFIUS 审查决定接受司法审查有法可依。国际社会提倡外国投资者对东道国行政决定有享受司法救济的权利，随着赴美直接投资的稳步增加，CFIUS 与司法系统间的互动也将逐步增多。这种互动应当受到欢迎，因为司法审查进入外资安全审查程序可促进程序更加透明、公正，继而更好地实现外资开放与国家安全的平衡。

---

〔1〕"三一重工诉奥巴马案获阶段性胜利 过程比结果重要"，载新华网，http://news. xinhuanet. com/finance/2014 - 07/17/c_ 126763814. htm，2014 年 7 月 17 日访问。

2. "走出去"政策需要中国企业了解"游戏规则"

十八届三中全会后，我国政府不断出台诸多鼓励政策促进中国企业"走出去"，以并购等方式进行海外投资，美国是中国企业海外投资的重要对象。因为外商直接投资的涌入，美国自20世纪80年代起就不断建设与优化本国的外资并购安全审查制度。中国企业希望成功实现赴美投资，须了解制度，掌握"游戏规则"。

外国企业赴美并购交易是否向 CFIUS 申报安全审查属自愿选择，可先依据 FINSA 进行自我评估，以减轻 CFIUS 审查负担与成本。但为防止涉嫌影响美国国家安全的外资并购交易企图侥幸逃避审查的情形，CFIUS 可依职权直接进行调查，即"事先不审批，事后可审查"，罗尔斯并购案就属于此类。罗尔斯公司因事先未主动申请 CFIUS 审查，在并购交易完成后，罗尔斯公司再接受 CFIUS 审查就显得极为被动，因为无论是 CFIUS 的禁令还是总统令都会给罗尔斯公司带来巨大的经济损失，罗尔斯面对经济损失与被动局面，只能选择诉讼维权。

如果罗尔斯公司事先提交自愿审查通知，CFIUS 审查后发现存在国家安全威胁，也可通过双方协商风险缓和措施来顺利完成并购，即便并购最终未能成功，罗尔斯公司损失的也是少量交易成本与期待利益。因此，中国企业在赴美并购中，需要了解美国国家安全审查制度，以此增加成功的概率，避免不必要的经济损失。

3. 加强美国国家安全审查制度对策研究

美国的国家安全审查制度已经较为完备，包括中国在内的其他国家对于这一制度也在纷纷效仿建立，因为在经济一体化的格局下，一国不仅要通过对外开放繁荣经济，还要通过防止外来安全威胁维护稳定。可以预见，会有越来越多的国家健全与实施外资并购安全审查制度。为配合我国"走出去"的企业发展策略，我国法律职业共同体应从理论和实践层面，对中国企业海外投资提供事先的防范性对策。

结合罗尔斯案而言，CFIUS 对罗尔斯颁布禁令，不仅是因为罗尔斯公司并购的 Butter Creek 项目处于军事禁飞区，还因为CFIUS 调查发现罗尔斯公司的股权和所有权结构不透明，是中国政府间接控制的公司。依据 FINSA，涉及外国政府的外资并购交易必须进行正式调查程序，除非 CFIUS 可确定该项目不存在国家安全威胁。我国有许多像三一集团、华为集团这样的企业，因为许多原因带有国资背景或一定政府背景，但经过多年努力，这些企业大多已经完全市场化。要使这些企业成功赴美并购，不仅需要了解东道国外资投资规则、遵守规则，还需寻找有效避免法律障碍的对策。例如，可先行在美国投资办厂（属于免于审查的绿地投资）、完善公司内部治理结构、剥离公司已有的敏感技术等。[1]

---

〔1〕 龚柏华、谭观福："美国总统以国家安全为由否决外资并购令可诉性分析——兼析中国三一集团告美国总统否决并购侵权案"，载《国际商务研究》2014年第3期。

美国外资并购安全审查的中国借鉴

一、我国外资并购安全审查的必要性

外资并购作为外国直接投资方式之一备受跨国投资者青睐，据经合组织统计，仅 2010 年外资并购投资总额就高达 6700 亿美金，比 2009 年同期增长 6%。外资并购是把双刃剑，东道国在享受外资带来的技术与资本的同时，还需要防范外资并购带给国家安全的潜在威胁。在全球经济一体化、政治一体化的背景下，美国、德国、法国、澳大利亚等在坚持对外开放政策的同时，纷纷建立与完善本国的外资并购安全审查制度，以保证在享受外资利益的同时，合理控制外资可能产生的国家安全风险。随着改革开放的深入，一方面我国利用外资发展经济成果斐然，另一方面外资并购已经呈现出威胁国家安全的态势，进一步完善我国外资并购安全审查制度势在必行。

（一）维护国家经济主权

外资并购安全审查制度的审查对象包括：关系国防安全的单位，与国家安全相关的重要农产品、重要能源资源、重要基础设施、重要运输服务、关键技术、重大装备制造等企业的实际控制权。需要审查的企业与国家经济主权密切相关，如果东道国在能源资源、重要基础设施、关键技术等方面依赖于外国供应商，外国供应商可能会不提供、延期提供或附条件提供这些能源资源、基础设施建设运营、关键商品或服务，如此便严重影响一国经济主权。

在 2005 年凯雷投资集团并购徐州工程机械有限公司案中，美国私人股权投资基金——凯雷投资集团，欲通过其全资子公司凯雷徐工机械实业有限公司并购徐州工程机械集团公司控股的徐州工程机械有限公司的 82.11% 股权。徐州工程机械集团公司是中国大型国有企业，徐州工程机械公司是该集团最大企业，通过资产剥离等手段，该公司集中了整个集团的最优良资产，同时徐州工程机械公司（简称徐工）被认为是中国整个建筑机械业的技术研发平台。凯雷并购方案一出，引来一片热议。最多的担忧是一旦徐工被并购，中国建筑机械行业将失去这个技术研发平台，相关产业所需要的零部件、技术开发就失去了载体，就必须依附于外资企业。在 2007 年由于舆论压力，并购双方修改协议，但这并未能平复国内强烈的反对声。2008 年徐工宣布正式终止与凯雷投资集团的合作事宜。

徐工并购案被视为与外资并购安全问题有关的早期代表案件。一方面，徐工从事的为机械制造装备业，属于重大装备制造业，关系经济层面的国家安全利益。另一方面，徐工作为全行业的技术研发平台，掌握高端的行业关键技术，关系着行业未来的技术发展，同样也牵动了经济层面的国家安全。徐工并购案发生的时候，我国还未形成完整的外资并购安全审查制度，徐工并购案虽然存在国家安全问题，却并非因未通过国家安全审查而终止。舆论压力被用来防范外资并购安全隐患的事例在美国屡见不鲜，但也颇为人诟病。舆论压力多半点燃的是公众盲目的民族情感，且常被国内利益集团利用来建造贸易壁垒。完善的外资并购安全审查制度在坚持外资开放、维护国家产业安全、经济主权上不可或缺。

（二）维护部门行业稳定发展

我国自加入 WTO 后，吸纳外资数额每年递增。2011 年我国吸引外资 1037.7 亿美金，而投资方式从最初的绿地型投资转为现在的并购式投资居多。外资并购可以使外国投资方利用中国企业原有的销售网、品牌号召力、原有设施，再加上外资的高新技术与充实资本，被并购的中国公司可以很快为外资方带来丰厚的利润，实现逐步垄断中国市场的目标。

外资并购在我国被誉为"嘴刁胃大"，常吃行业前三名，显出全行业通吃、垄断中国市场的战略意图，而且外资并购涉及投资领域颇多，不仅包括日用消费品、药品、食品、超市，还包括工程机械业、电器业等。

我国啤酒市场已基本被国际啤酒巨头企业垄断；我国最大日用消费品公司集团——宝洁旗下的所有企业除上海沙宣公司外，均为外商独资。另外，我国制造业中具有举足轻重地位的企业也陆续被外资并购：轴承业的西北轴承公司、化工机械业的锦西化机、油泵油嘴行业的无锡威孚、电机行业的大连电机集团、齿轮行业的杭州前进齿轮箱集团有限公司、常州变压器厂、陕西鼓风机厂等。

其中经典一例为可口可乐公司并购中国汇源。2008 年 9 月，可口可乐公司与中国汇源果汁集团有限公司联合宣布可口可乐公司以现金并购中国汇源果汁集团有限公司。可口可乐公司建于1886年，是世界饮料公司巨头，拥有500个饮料品牌；汇源果汁是我国果蔬饮料龙头企业，并购计划的宣布掀起国内舆论反对。2009年3月商务部宣布，依据我国反垄断法规定，可口可乐公司与汇源公司并购案将对我国市场竞争造成不利影响，故否决并购。该案是反垄断法实施后被否决并购的第一案。它在反垄断领域具有丰富的研究价值，同时它也值得从外资并购安全方面探究。依据我国《反垄断法》第31条规定，可以对外资并购案件采取双查制：既查外资并购垄断性，也查外资并购的国家安全隐患。外资并购垄断与国家安全隐患本就有着天然联系，垄断会导致部门产业畸形发展，给关联市场造成负面影响，危害国家安全。

我国加入WTO后一直努力深化对外开放政策，但深度开放国内市场的同时必须防止外资对国内市场的恶意侵占，对国内经营者的敌意并购与驱逐。设计合理的外资并购安全审查制度可以在坚持外资开放的大背景下，抑制外资垄断局面出现，促进部门行业稳定，保障经济层面的国家安全。

（三）利于深化我国外资开放政策

外资并购安全审查制度并非抑制外资并购，而是为了让外资并购健康发展。完善合理的外资并购安全审查制度可以平衡国家安全与外资开放间的关系，既能为外商营造开放的投资氛围，又能保障国家安全，使对外开放政策具备可持续性。

反观美国外资并购安全审查制度从设立到成熟的曲折立法史可见，在外资并购安全审查制度不成熟的年代，源于特定国家的外资并购会引发民众及政府相关机构的民族情感，这些外资并购案件多屈服于政治压力与民众压力而不得不终止，但这些案件本身可能并不带有国家安全隐患，只是民族情感的宣泄或是被国内利益群体所利用构建的贸易壁垒，典型如迪拜港口并购案。

一个健全完善的外资并购审查制度意味着公平与客观。公平即无论源自何国的外资均应受到公正平等的审查，不将经济问题政治化。客观即在每一个外资并购案件审查中，客观运用审查标准衡量案件风险，既不留存安全隐患，也不制造贸易壁垒。政府在外资并购审查制度中只是中立的执法者，通过给外资提供稳定的规范化管理模式，引导外资并购在东道国良性发展，深化外资开放政策。

二、我国外资并购安全审查的立法现状

我国外资并购安全审查立法起步较迟，在 2011 年以前只有零散的政策从宏观上对外资并购安全审查事项作出原则性规定。

（一）关于外资并购安全审查制度的法律规定

《反垄断法》是我国目前为止唯一一部规定有关外资并购安全审查的法律。《反垄断法》于 2007 年正式颁布，2008 年生效实施，第 31 条是关于外资并购双审制度的规定："对外资并购境内企业或者以其他方式参与经营集中，涉及国家安全的，除依照本法规定进行经营者集中审查外，还应当按照国家有关规定进行国家安全审查。"该条规定虽仅对外资并购审查作了极为原则性的规定，但是是目前外资并购安全审查最高级别的法律渊源。

有不少学者曾提出可以直接通过《反垄断法》规范外资并购安全审查法。《反垄断法》与外资并购安全审查法有着天然的联系，但也存在明显差异。《反垄断法》遵循国民待遇原则，从经济角度考察外资并购对竞争及消费者利益是否会产生不良影响；安全审查法立法的逻辑前提是对国民待遇原则的例外考察，考察外国人并购交易对我国国家安全可能产生的威胁。但这二者在运用中又有着天然的联系，例如，美国反垄断法曾被用于对外国投资进行限制，而外资安全审查也被用于抑制垄断形成。在美国外资并购安全审查法早期修改中，数个提案要求将外资并购安全审查制度并入到反垄断法中。[1] 但是随着安全审查法逐步成熟，越来越多的人认识到这两个制度不应合并，不仅是因为两个制度在立法目的、追求价值等方面存在差异，更因为国家安全问题不应当泛化，不能当然包括竞争秩序、竞争力等问题。[2]

（二）关于外资并购安全审查制度的法律规范性文件

1. 2015 年版《外商投资产业指导目录》

2015 年由发改委与商务部联合颁布《外商投资产业指导目录》（简称新《目录》），新《目录》仍沿用了 2011 年版《目录》的鼓励、允许、限制、禁止四项基本分类，但具体内容上进一步扩大对外开放，注重扩大服务业和一般制造业对外开放，强调国际国内要素有序自由流动，资源有效配置。新《目录》

---

〔1〕 CRS Report for Congress, Foreign Investment and National Security：Economic Considerations, June 27, 2008, p. 20.
〔2〕 徐维余："外资并购安全审查法律比较研究"，华东政法大学 2010 年博士学位论文。

总条目 423 条，其中鼓励类 349 条，限制类 38 条，禁止类 36 条，与 2011 年版《目录》相比减少 5 条，减少 42 条，减少 3 条。新《目录》鼓励外资投资高端制造业，使用新技术、新工艺、新材料、新设备，进一步提高利用外资质量。新《目录》鼓励外资抓住国际战略性新兴产业发展机遇，提升我国承接国际产业转移的层次与水平。新《目录》积极引导外商投资服务业，推动我国产业结构调整。

新《目录》不仅规定了国家对外资利用的产业政策，同时包括了含国家安全、社会公共利益、国防安全、环境保护等政策考虑。在新《目录》中详细地列举了禁止和限制外商投资项目，并对某些外商投资项目规定为"限于合资、合作"、"中方控股"、"中方相对控股"。限制或禁止外商投资项目多属于关乎国家安全或社会公共利益类的项目，故新《目录》内容可被视为我国外资并购安全审查制度的组成部分，属于我国外资准入安全的实体性规范。

新《目录》对外资准入安全审查的实效有待提高。首先，因为制定新《目录》的初衷是为了利用外资的资本、管理及技术优势促进我国产业提升，促进国民经济增长，难免出现为成功引资而忽视外资准入安全审查。其次，新《目录》所规定的外资准入安全审查内容仅限于原则性规范或宣誓性规范，缺乏具体的审查标准与程序，难以发挥实效。

2.《关于外国投资者并购境内企业的规定》

2006 年商务部等六部委联合发布，并于 2009 年修订的《关于外国投资者并购境内企业的规定》。该规定的出台使外资并购活动有章可循。该规定明确了外资并购的概念与方式；确立了享受外商投资企业待遇的范围，即确立原则上外国投资者比例低于25%不可享受外商投资企业待遇的要求；要求外资并购境内企业须符合法律、行政法规规章对投资者资格及产业、土地、环保等政策；并对外资并购境内企业产生市场垄断行为作出规定。

其中与外资并购安全审查相关的是第12条："外国投资者并购境内企业并取得实质控制权，涉及重点行业、存在影响或可能影响国家经济安全因素或者导致拥有驰名商标或中华老字号的境内企业实际控制权转移的，当事人应就此向商务部进行申报。当事人未予申报，但其并购行为对国家经济安全造成或可能造成重大影响的，商务部可以会同相关部门要求当事人终止交易或采取转让相关股权、资产或其他有效措施，以消除并购行为对国家经济安全的影响。"该规定明确指出影响国家经济安全的外资并购需要申报，如果未予申报，对经济安全造成影响的会被终止交易，甚至剥离已并购的财产。这一规定对外资并购具有威慑力，通过法条解读，即使是已完成并购的交易也可被主管机构要求终止交易、剥离财产，这迫使并购双方在制订并购计划时考虑东道国经济安全因素。但法条规定仍过于原则，许多问题有待澄清，例如：什么是国家经济安全；什么属于重大影响；谁有权决定剥离财产。而且更重要的问题是：将外资并购安全审查的"安全"定位为"经济安全"是否合理。

"国家经济安全"与"国家安全"概念存在差异，虽然二者均没有统一的概念界定。依照美国外资并购安全审查法立法经验，外资并购安全审查中的"安全"概念应为国家安全而非国家经济安全。与国家安全比，经济安全具有明显的经济性审查标准，带有一定的保护主义色彩，容易被国内相关竞争者或利益集团所利用，继而被贸易伙伴国诟病为贸易壁垒。WTO 安全例外及众多双边投资条约中的安全例外规定均使用的是"国家安全"或"基本安全"概念，绝少使用"经济安全"。因此，外资并购安全审查制定中的"安全"界定为"国家安全"更合理。

3.《国务院办公厅关于建立外国投资者并购境内企业安全审查制度的通知》及《商务部实施外国投资者并购境内企业安全审查制度有关事项的暂行规定》

2011 年 2 月，国务院办公厅颁布了《国务院办公厅关于建立外国投资者并购境内企业安全审查制度的通知》（简称《通知》），决定建立我国外资并购安全审查制度，首次对外资并购安全审查的范围、内容、工作机制、审查程序作出系统性规范，是目前我国外资并购安全审查领域最全面系统的规范性文件。

依据《通知》的规定，外资并购安全审查机构采用联席会议机制，在国务院领导下，由发改委、商务部牵头，依据外资并购所涉及的行业和领域，会同相关部门开展并购安全审查。[1]

外资并购安全审查机构的职责被定位为：分析外国投资者并购境内企业对国家安全的影响；研究、协调外国投资者并购境内企业安全审查工作中的重大问题；对需要进行安全审查的外国投资者并购境内企业交易进行安全审查并作出决定。[2]

---

〔1〕《国务院办公厅关于建立外国投资者并购境内企业安全审查制度的通知》第 3 条第 2 款。

〔2〕《国务院办公厅关于建立外国投资者并购境内企业安全审查制度的通知》第 2 条。

外资并购安全审查范围为：外国投资者并购境内军工及军工配套企业，重点、敏感军事设施周边企业，以及关系国防安全的其他单位；外国投资者并购境内关系国家安全的重要农产品、重要能源和资源、重要基础设施、重要运输服务、关键技术、重大设备制造等企业，且实际控制权可能被外国投资者取得。外资并购投资企业取得实际控制权是指外购投资者通过并购成为境内企业的控股股东或实际控制人，再通过规定投资者并购后取得股份比例对于"控股股东"及"实际控制人"进一步明确。[1]

外资并购安全审查时主要审查内容为：并购交易对国防安全的影响；对国家经济稳定运行的影响；对社会基本生活秩序的影响；对涉及国家安全关键技术研发能力的影响。[2] 安全审查内容紧扣国家安全展开，罗列了世界公认的国家安全的四大层面。

外资并购安全审查程序分为：申请、一般审查、特别审查、决定四步。申请可由投资者向商务部主动提出；还可由外国投资者并购境内企业，国务院有关部门、全国性行业协会、同业企业及上下游企业认为有需要进行并购安全审查的，可通过商务部提出进行并购安全审查的建议。申请提出后，联席会议对申请安全审查的交易首先进行一般性审查，如有需要再进行特别审查。在并购安全审查过程中，申请人可向商务部申请修改

---

〔1〕《国务院办公厅关于建立外国投资者并购境内企业安全审查制度的通知》第1条。

〔2〕《国务院办公厅关于建立外国投资者并购境内企业安全审查制度的通知》第3条第3款。

交易方案或撤销并购交易。审查意见由联席会议作出，如果联席会议存在重大分歧，则报请国务院决定。[1] 审查程序对于一般审查、特别审查均规定了明确而紧凑的时间期限，有利于提高外资并购安全审查的效率。安全审查结果富有威慑力，可能导致终止当事人的交易，采取转让股权、资产或其他有效措施，以消除该并购行为对国家安全的影响。

2011年3月，商务部颁布《商务部实施外国投资者并购境内企业安全审查制度有关事项的暂行规定》（简称《规定》）。《规定》主要对安全审查申请需要提交的材料进行了详细规定。

《通知》及《规定》较为全面系统地规范了我国外资并购安全审查制度，但在制度设计上存在不足，而且规范效力层级较低，当规范内容与其他法律法规内容发生冲突时，将导致有法难依的情形出现。为提高我国初步建立的外资并购安全审查制度，有必要借鉴美国成熟的制度经验，对我国审查制度进行完善，提高实效。

三、美中外资并购安全审查的比较

（一）审查目的比较

美国 FINSA 序言指明立法目的为：促进外国投资、创造与维持就业的同时确保国家安全；改革外国投资安全审查程序。CFIUS 在为并购交易方制定的审查指南中也明确：CFIUS 的工作是分析外资并购中是否存在国家安全风险，并对存在的风险提出解决方法。

---

〔1〕《国务院办公厅关于建立外国投资者并购境内企业安全审查制度的通知》第4条。

我国《通知》规定：随着经济全球化的深入发展和我国对外开放的进一步扩大，外国投资者以并购方式进行的投资逐步增多，促进了我国外资方式多样化，在优化资源配置、推动技术进步、提高企业管理水平等方面发挥了积极作用。为引导外国投资者并购境内企业有序发展，维护国家安全，特建立外国投资者并购境内企业安全审查制度。

美国从立国之初便实行对外开放政策，FINSA 的立法目的是促进外国投资的同时确保国家安全。我国外资并购安全审查规范积极肯定了外资并购对我国经济发展产生的推动力，并明确提出安全审查是为了推动外资并购有序发展及维护国家安全。两国的审查目的具有高度相似性，反映出外资并购安全审查制度的普遍追求并非是限制外资并购，而是促进外资并购有序发展且保障国家安全，国家安全本身也是外资并购可持续发展的基础。

（二）审查机构比较

美国外资并购安全审查法历经数次改革，最近一次立法改革是 2007 年通过了 FINSA 法案。法案直接授予外资并购安全审查机构 CFIUS 负责该法实施的权力，即 CFIUS 职权法定化，直接规定财政部部长为 CFIUS 主席，且列举了 7 个有投票权的成员：财政部部长、国土安全部部长、商务部部长、国防部部长、国务卿、美国总检察长、能源部部长，另外规定了两个没有投票权的成员：劳工部部长及国家情报局局长。在外资并购安全审查的个案中，依据需要任命个案的牵头机构，负责个案的审查工作，包括商定缓和协议及其他保护国家安全的必要措施，且负责监督协议的执行。除了 CFIUS 负责执行外资并购安全审查程序外，美国总统作为美国行政机关首脑拥有国家安全法律审查方面的最终决定权。FINSA法案还强化了国会在外资并购安全审查中的监督地位，国会成员可以要求CFIUS提供书面报告或简报；CFIUS主席每年要将已完成审查的受管辖交易案件通过年度报告提交给参众两院有管辖权的委员会主席或相关成员。

我国安全审查机构也为跨行政部门的政府机构联合：由国务院领导，发改委、商务部牵头，依据外资并购所涉及的行业和领域，会同相关部门开展。我国的牵头部门为发改委和商务部，未细化分工。除牵头部门外，依据外资并购所涉及的行业及领域，个案还会有不同的机构参与安全审查决定，因为我国不像美国一样对于所有行业及领域普遍以国民待遇为原则，需进行行业准入审查。外资安全审查加行业准入审查使我国的外资安全审查程序更为复杂，故要求个案的相关行业或领域部门共同参加。联席会议制度因为分工没有细化，涉及管理部门众多，行业准入审查与安全审查交织等原因使得我国的外资并购安全审查呈现出多头管理的倾向，不利于管理部门高效执法。

我国国务院作为最高行政机关领导安全审查，对联席会议存在重大歧义的个案作出决定。这一规定与美国总统具有最终决定权的立法设计一样，可通过"权力集中"避免"民主"带来悬而不决的结果，同时能给富有争议、影响重大的案件以权威性的决定。我国立法目前并未明确指出最高立法机关应对外资安全审查进行监督。

（三）审查范围比较

美国国家安全审查范围为：造成外国人控制美国人州际商

Mön

业的外资并购交易。外国人指外国国民及由外国利益方控制的实体，外国利益方包括外国政府在内的任何外国人。"外国人"概念的界定实质就是依照国籍标准划分，任何外国自然人及企业皆为外国人。美国人指美国境内的自然人或从事州际商业活动的实体。安全审查中的美国人以实体为主，判断美国人的标准仅为经营地。外国人与美国人两个概念采用不同的标准是为了尽量减少审查范围的同时，最大限度考虑国家安全风险因素。

"控制"是界定安全审查范围的重要概念。FINSA 细则中将控制界定为：通过拥有一个企业的多数股份或占支配地位的少数股份、在董事会中占有席位、代理投票权、特殊股份、合同安排、正式或非正式的协调行动安排或其他方式，而能够直接或间接决定公司的重要事项的权力。所谓重要事项权力包括但不限于：①出卖、出租、抵押、质押或以其他方式转让企业主要有形或无形资产、无论是否通过正常商业途径转让；②企业重组、并购、解散；③企业关闭、迁址、转产；④主要开销或投资、发行股票和债券、支付红利、批准预算；⑤选择新的行业或业务；⑥订立、终止或不履行重要合同；⑦处理非公共技术、金融或其他专业信息的政策或程序；⑧高级管理人员的任用或解聘；⑨任命或解聘能接触敏感技术或美国政府机密信息的雇员；⑩修改公司章程、选举权协议或其他组织文件。[1]

依据细则第 800.301 条规定，"受管辖交易"包括但不限于：①不论交易如何安排公司控制权，只要该交易导致或可能导致外国人控制美国企业，就需接受 CFIUS 审查。②针对美国

---

[1] 31 C.F.R. §800.204 (a) (2008).

公司的控制权，由原外国人转让给另一个外国人的并购交易。如迪拜港口并购案中，被并购的英国航运公司本身是英国公司但是并购交易涉及美国城市港口经营权，这样的交易也需接受CFIUS审查。③并购交易造成或可能造成外国人控制美国企业资产。美国企业资产的控制并不是指外国人仅控制美国人的物质设施，还应当包括大量使用该美国人的技术，不含伴随设施进行销售的技术；或是大量使用美国人收购前员工。④通过协议或其他形式，组成合资企业，包括通过协议建立一个新的合资企业，而合资方投入合资企业的资产源于美国人，外国人会通过该合资企业来控制美国人。这样的交易属于管辖范围。

依据 FINSA 外国人控制美国人的情况新建投资和房地产投资并不属于该法管辖范围。细则通过第 800.302 条列举了明确不属于管辖范围的交易，包括但不限于：①股权分配或按股权比例分配股息，但并未涉及控制权变化。②一个外国人取得美国一家企业已公开发行的 10% 以下具有表决权的股票，且该并购交易仅以单纯投资收益为目的。无论该项交易涉及的实质金额数量多少均不受 CFIUS 管辖。所谓单纯投资收益目的是指除了投资收益外，外国人没有计划或意图控制美国企业，不会培养控制意图，更不会采取措施实现投资收益目的之外的意图。③获得美国资产或实体的一部分，这一部分并不是一个美国企业。④法人作为证券承销商在正常的商业及承销行为中购买证券的行为。⑤正常商业行为中所订立的保险合同，依据合同中有关诚信、担保或损害赔偿义务进行收购。

我国《通知》中没有专门解释"境内企业"、"外国投资者"，仅列举了集中外资并购境内企业的情形：①外国投资者购买境内非外商投资企业的股权或认购境内非外商投资企业增资，是该境内企业变更设立为外商投资企业；②外国投资者购买境内外商投资企业中方股东的股权，或认购境内外商投资企业的增资；③外国投资者设立外商投资企业，并通过该外商投资企业协议购买境内企业资产并且运营该资产，或通过该外商投资企业购买境内企业股权；④外国投资者直接购买境内企业资产，并以该资产投资设立外商投资企业运营该资产。

这几种情形直接运用"境内企业"及"外国投资者"的概念，并未加以界定，会给《通知》的实际运用带来难题。例如，外国投资者外延是什么？如果外国投资者是指所有外国国民及由外国利益方控制的实体，外国利益方包括外国政府在内的任何外国人，那么在境外合法设立或控制某公司的境内公司、企业或自然人也属于外国投资者。但这与已经颁布的 2009 年《商务部关于外国投资者并购境内企业的规定》又有潜在冲突，该规定认为这类企业不属于外国投资者，对"境内公司、企业或自然人以其在境外合法设立或控制的公司名义并购与其有关联关系的境内公司，所设立的外商投资企业不享受外商投资企业待遇。"另外，情形③规定含糊，"外国投资者设立外商投资企业，并通过该外商投资企业协议购买境内企业资产并且运营该资产，或通过该外商投资企业购买境内企业股权"，这种情形的表述可被理解为无论外国投资者获得多少境内企业的资产，或多少比例的股份均需接受外资并购安全审查。这样的理解显然有悖立法初衷，会给外资并购安全审查带来不必要的审查负担。这种情形本意是为避免外国投资者通过在中国境内设立企业，借壳投资，规避安全审查，但因为对"外国投资者"和"境内企业"概念未作规定而产生歧义。无论是否借鉴美国概念界定模式，都有必要对核心概念作出明确界定。

对于"控制"判断，我国采用了量化设计为主的立法方式，以并购后持股总额为依据判断是否取得实际控制权。依据《通知》第 1 条第 3 款规定，外国投资者取得实际控制权包括情形有：①外国投资者及其控股母公司、控股子公司在并购后持有股份总额在 50% 以上；②数个外国投资者在并购后持有的股份总额合计在 50% 以上；③外国投资者在并购后所持有的股份总额不足 50%，但依其持有的股份所享有的表决权已足以对股东会或股东大会、董事会的决议产生重大影响；④其他导致境内企业的经营决策、财务、人事、技术等实际控制权转移给外国投资者的情形。我国《通知》中控制权的立法规定较为周密科学，不仅通过量化制度对典型股权控制情形（如股份公司）予以规定，还通过兜底条款（即其他导致实际控制权转移情形）对合伙企业、中外合作经营企业等非股权控制情形予以规定。毕竟，控制权的实质是反映外资并购方通过并购行为对企业进行实际控制的意图，具体控制权取得形式会因为产业行业及企业治理结构不同而存在差异。

（四）审查标准比较

美国外资并购安全审查制度从未对"国家安全"作出定义，国会认为安全审查制度无需对国家安全作出明确界定，而是应当给予其灵活、宽泛的考虑因素。没有明确定义可以保持立法制度的相对开放。FINSA 在《埃克森－弗洛里奥修正案》提出的 5 点"国家安全"考虑因素的基础上，FINSA 于法条第 2 条第 5 款提出"国家安全"包含于"国土安全"相关的情况，并在原有 5 点考虑因素之上新增 6 点。

这 11 点因素所包含的国家安全威胁可分为三类：该外资并购可能导致东道国依赖于关键商品或服务享有控制权的外国供应商（客观要件），并且外国供应商有可能不提供、延期提供或附条件提供此商品或服务（主观要件），这两个要件需要同时具备才构成第一类威胁；第二类是该外资并购会导致技术或技能转移到美国境外由外国实体组织或政府掌握，同时外国实体或政府可能运用该技术或技能损害美国国家安全；第三类是外资并购会成为渗入、监视或破坏美国经济的关键商品或服务的途径。[1]

我国在 2007 年出台《反垄断法》，通过第 31 条规定外资并购采用国家安全审查标准，未对"国家安全"作出明确界定；但 2009 年修订的《商务部关于外国投资者并购境内企业的规定》中又采用"国家经济安全审查"标准，如前所述，国家安全标准与国家经济安全标准存在明显差异，国家安全标准更为合理且在世界他国立法中较常见。2011 年出台的《通知》采用国家安全审查标准，在立法上采取模糊手段，未直接界定"国家安全"概念，以便在法律适用中有更灵活的空间。

虽未界定国家安全，但从立法内容上看，国家安全可以被理解为国家重大利益不受威胁、损失的态势。[2] 而国家重大利益包括经济、军事及社会秩序及关键技术层面，因为《通知》

---

〔1〕 丁丁、潘方方："对我国的外资并购国家安全审查制度的分析及建议"，载《当代法学》2012 年第 3 期。

〔2〕 董永："简述我国外资并购国家安全审查法律制度"，上海社会科学院 2012 年硕士学位论文。

明确了并购安全审查内容有：并购交易对国防安全，包括对国防需要的国内产品生产能力、国内服务提供能力和有关设备设施的影响；对国家经济稳定运行的影响；对社会基本生活秩序的影响；对涉及国家安全关键技术研发能力的影响。

除了明确并购安全审查内容，我国还采取列举的方式规定了并购安全审查范围为国防、军工、能源等行业。参照《通知》规定的并购安全审查内容看，并购安全审查典型行业为国防、军工与能源，但涉及其他行业如加工制造、食品、农业等并购交易只要存在国家安全威胁也会进入审查程序。安全审查标准的弹性化有利于保护本国产业、促进国内经济平稳发展，在实践执法中也更具灵活性与主动性。

（五）审查程序比较

美国外资并购安全审查程序分为四个基本步骤：审查申请、初审、正式调查及总统决定。审查申请可由并购交易当事方提出（自愿通知），也可由 CFIUS 的任何一个成员提请 CFIUS 审查（单边启动机制）。在审查申请提出前，并购交易任意一方均可与 CFIUS 进行非正式商谈，并购当事方可了解审查程序及应提供信息，CFIUS 可初步了解交易基本内容，CFIUS 还可与并购当事方商讨修改交易内容以消除可能涉及的国家安全威胁。非正式商谈为非法定强制性程序，不受正式审查时限约束，但在实践中运用普遍，因为它既可以给 CFIUS 及并购当事方提供更充裕的时间讨论并购交易安全性问题；还可以避免直接进入正式程序后，因国家安全问题被禁止交易给企业贴上有损国家安全的标签。

在美国实用主义立法及司法传统上，CFIUS 在实践中早已形成各种风险缓和措施，以便在降低国家安全威胁的同时，积极促成交易成功，2007 年 FINSA 将风险缓和措施立法化并对制度予以完善。风险缓和措施由 CFIUS 与交易方共同磋商，不得强制要求交易当事方承诺必须履约，风险缓和措施制定后，CFIUS 有权监督交易当事方执行。风险缓和措施可在总统决定前任何阶段达成，灵活贯穿整个安全审查程序。

依据《通知》并购安全审查程序条款，我国安全审查程序同样由四个基本步骤组成：提出申请、一般性审查、特别审查及国务院决定，且一般性审查、特别审查及国务院决定的启动情形与美国相似。

但在申请提出方面两国存在差异。我国申请可由外国投资者提出，也可由外国投资者并购境内企业、国务院有关部门、全国性行业协会、同行业企业及上下游企业认为需要进行并购安全审查的，可通过商务部提出进行并购安全审查的建议，由联席会议决定是否审查。与美国规定比较，我国自愿申请只能由外资并购方提出，而非并购交易双方。我国被并购方如想提出审查需提请商务部，由联席会议决定。其次，我国也存在单边启动机制，但单边启动机制主体较宽泛，不仅包括审查机构成员还包括全国性行业协会、同业企业及上下游企业。宽泛的申请主体一方面可以让充当安全阀的并购安全审查制度更具威慑力，另一方面国内利益集团可能利用并购安全审查制度阻碍并购交易，建立贸易壁垒。

我国《通知》暂时没有规定非正式商谈制度，也未对风险缓和措施作出制度性规定，但这并不代表在实践中我国安全审查主管机构不予运用。

最后，两国审查制度对每一审查步骤均有明确的时间限定，我国无论是一般性审查还是特别审查的期限均略长于美国规定。美国安全审查程序的时间框架设计一直颇受诟病，虽然时间框架安排紧凑，有助于提高审查效率，节省审查成本，但过于紧凑的安排也会产生调查不彻底的负面结果。相对而言，我国的时间框架显得更为合理。

整体而言，与美国已较为成熟的外资并购安全审查制度相比，我国制度框架已相对完整且设计较合理，但制度内容仍需丰满，相信通过理论发展推动及实践经验积累，我国审查制度会逐步完善。

四、完善我国外资并购安全审查的建议

我国外资并购安全审查制度出台不久，仍处于调整发展期，在基本框架已经完整的前提下，不断健全审查制度成为要务。

（一）安全审查机构完善

我国目前国家经济安全审查机构是由发改委与商务部牵头，依据外资并购所涉及的行业和领域，会同相关部门开展安全审查。外资并购交易较为复杂，有必要会同相关部门共同开展安全审查，因为不同行业领域的并购交易，需要所涉及的行业主管部门参与审查、评估及论证，才能既平衡各方利益，又有效保障国家安全。

为保证审查中，相关行业主管部门能够有效参与审查，应尽早建立安全审查工作机制细则，尤其需解决哪些行业主管部门、在何种情形下、以何种方式（如提供报告、参与投票等）参与审查评估等问题。

（二）明确关键性术语

我国外资并购安全审查制度缺乏对关键性术语的明确。首先，对"境内企业"、"外国投资者"术语应直接界定概念，这两个术语关系到安全审查范围的界定，关系到外国投资者并购境内企业典型情形的注解。其次，应对安全审查范围中的"重要农产品"、"重要基础设施"、"关键技术"、"重大装备制造"等关键术语提供较为细化的判断依据或标准。从目前商务部发起的国家安全审查案例来看，安全审查范围包括：对纸业生产商并购、酱油制造商并购、炊具公司并购、水泥制造商并购、钢铁制造商并购等。案例涉及审查范围甚广，为了既满足我国安全审查范围具有灵活度；又避免外资并购者视安全审查为保护主义工具，应当在明确与完善关键术语基础上，合理且弹性化规定安全审查范围，促进并购交易安全审查规范化和可预见性。

（三）安全审查标准进一步具体化

目前我国外资并购安全审查制度规定的审查标准原则性较强，主要通过《通知》的外资并购安全审查范围条款及审查内容条款予以规定。审查标准是主管机关审查判断并购交易安全威胁的基本依据，过于原则性的规定，会使主管机关拥有太多的自由裁量空间，会导致审查结果预见性不强，一致性不高。

美国 FINSA 为保证安全审查标准既有灵活性与弹性，又能够为外资并购投资者提出方向性指引，不仅规定了原则性安全审查标准，还列举了 CFIUS 在审查外资并购安全时考虑的 11 种因素及大量次级因素，并指出 CFIUS 对安全审查的考量可不限于这些因素，这种规定值得借鉴。

（四）提供规范性指南

充分恰当的外资并购安全审查申报工作是保证安全审查程序有效开展的前提。审查申报不充分可能使外资并购者故意规避审查，导致安全审查制度难以发挥安全阀作用；审查申报数量过多会增加审查主管部门负担，也会耗费并购交易双方的资源成本，故可考虑由审查主管机关制定规范性指南。

指南可通过列举分析过往审查案例的方式给外资并购当事方提供是否需要提交申请及审查所需步骤、材料、时间等信息。指南在为交易方提供指引的同时，也能在一定程度上提高并购安全审查制度的透明度。

（五）提供救济性程序

依据美国外资并购安全审查制度发展经验，安全审查制度应设定相应的救济程序，当并购交易方对行政部门所作的最终决定不服时，应被给予适当的渠道提供救济。

我国《通知》并未规定联席会议或国务院最终决定可免予司法管辖，但也没有进一步明确交易当事方可以向哪些部门提出救济措施及可以要求何种权利救济，这是有待完善的内容。

第六章

美国外资并购安全审查的法律应对

一、中国企业"走出去"战略概述

（一）战略内涵与提出

"引进来"与"走出去"共同构成了我国对外开放的两个重要方面，"引进来"是吸引外商对我国商品及资本输出，"走出去"是指引导中国商品、服务、资本、技术、劳动力、管理及中国企业本身走向国际市场。经过多年的"走出去"发展，我国已经从以前单一的商品输出（含商品、服务及要素等输出），到资本输出（含绿地新建及并购投资等输出）。

我国早在 1996 年便提出"走出去"思想，2000 年我国正式将"走出去"作为国家战略提出，以争取在国际经济竞争中掌握主动权，目的在于将"引进来"与"走出去"紧密结合，更好利用国内外两种资源，两个市场。

2001 年党的十五届五中全会将四大新战略："走出去"战略与西部大开发战略、城镇化战略、人才战略，一并明确写入《国民经济和社会发展第十个五年计划纲要》。

党的十六大报告明确：实施"走出去"战略是对外开放新阶段的重大举措。鼓励和支持有比较优势的各种所有制企业对外投资，带动商品和劳务出口，形成一批有实力的跨国企业和著名品牌。

党的十七大报告明确：坚持对外开放的基本国策，把"引进来"和"走出去"更好结合起来，扩大开放领域，优化开放结构，提高开放治理、内外联动、互利共赢、安全高效的开放型经济体系，形成经济全球化条件下参与国际经济合作和竞争新优势。

党的十八大召开以来，我国为更好实现"引进来"和"走出去"既定战略，建设"丝绸之路经济带"，以利于我国与中亚各国相互开放、互利合作；以利于沿途各国加强区域合作，实现资源合理、优化配置。

（二）战略必要性

中国政府提出"走出去"战略是基于中国企业自身"走出去"的需求。中国加入 WTO 后，中国企业必须"走出去"谋求发展。依照 WTO 的国际规则，国内市场需对 WTO 成员开放，中国企业在本国市场不享有特殊保护，需要与外资企业公平竞争；同时其他 WTO 成员的市场也向我国企业敞开，我国企业在海外市场赢得前所未有的发展空间。WTO 国际规则框架下，大量外资企业与外资资本涌入我国，我国企业与资本也流向海外寻求发展和利润空间，我国经济已全面纳入经济全球化，我国进出口总额约占世界 1/10，是世界最大出口国和第二大进口国，中国俨然成为世界经济增长引擎。

我国在成为世界经济引擎的同时，也面临着资源短缺和环境制约，为了解决问题，中国企业需要"走出去"开发利用海外资源。我国在加入 WTO 后，钢铁、煤炭、化肥等产品产量居世界首位，在生产这些产品过程中，我国不仅消耗了大量的本国资源，而且因为高污染、高消耗的老路使我国碳排放量居世界首位，环境问题日益严重。面对资源问题、环境问题，为保持可持续发展，中国企业必须"走出去"，以期在投资国际市场的能源矿产资源的同时，获取创新节能减排技术。

在经济全球一体化的背景下，中国企业为进一步增长实力、提高技术、建立品牌，必须"走出去"，建立跨国公司。跨国公司是世界经济一体化的引导者和推动力。外国跨国公司集团经过长期战略化发展已拥有各自完善的产业链。我国企业在国际化产业链中多从事低附加值的生产加工环节，为早日建立自己的生产网络，产业链条，以优化资源配置，产业结构，我国企业必须积极"走出去"，进一步争取可持续性发展空间。

金融危机给中国企业"走出去"带来新机遇。金融危机爆发引发欧美经济重创，欧美国家因失业率猛增、企业资金短缺、业务萎靡等种种原因，纷纷希望引入外资、拯救市场，加之美金、欧元贬值，这给中国企业"走出去"带来良好的外部环境。机遇常与挑战并存，世界经济局势不稳，金融秩序待建，中国企业"走出去"需要格外谨慎，无论"走出去"是为获得市场、资源还是技术，均应警惕风险，审慎投资。

（三）跨国并购的优势与障碍

我国企业"走出去"的基本方式有：绿地新建与跨国并购。相比而言，跨国并购更受我国企业青睐。绿地新建虽鲜受东道国准入政策安全审查，但多为具有明显投资竞争优势或发展密集型的跨国公司采用。相对而言，我国企业投资竞争优势、所有权优势、区位优势等均不明显，故多采用跨国并购方式。首先，跨国并购可以使我国企业更快获取战略资源，如先进技术、管理资源、原有销售渠道及品牌优势等。其次，跨国并购可以让中国企业更快吸收外国文化，更好融入外国市场。另外，相比绿地投资，跨国并购还可以降低海外投资风险，绕过关税与非关税壁垒。[1]

我国企业在跨国并购时面临的主要障碍，一方面来自于东道国外资并购安全审查制度的审查，另一方面与国际政治经济局势微妙相关。全球经济一体化背景下，为保障吸收外资的东道国军事、政治、经济等方面的安全，美国率先建立外资并购安全审查制度，他国纷纷效仿。近年来，我国多起赴美跨国并购交易因存在潜在国家安全危险，要么无法通过安全审查，要么迫于东道国政治舆论压力而放弃并购。真正对东道国国家安全造成威胁的跨国并购交易甚少，外资并购安全审查制度在某些时候为政治因素所干扰。东道国利益集团较量、政治力量干预给跨国并购带来不确定性。另外，金融危机造成国际局势持续动荡，大国之间围堵、摩擦时有发生，也给我国企业跨国并购平添障碍。

"走出去"策略符合中国企业发展需要，给中国企业带来更多的发展空间，实现"走出去"的重要方式——跨国并购之路却并不平坦，基于此，为促进"走出去"战略顺利实施，研究跨国并购对策极为必要。

---

[1] 冯雷等："关于'走出去'战略的文献综述"，载《经济研究参考》2011年第60期。

二、中国企业赴美并购现状

中国经济经过近三十年的高速发展，一批实力雄厚的企业因自身发展需要，正结合自身条件，积极实施"走出去"战略。据统计，我国从1982年到1990年，对外直接投资总额为45亿美金，约合每年5亿美金。从1991年到2004年，我国对外投资总额激增，达到平均每年29亿美金。自2004年以后，我国对外投资呈爆炸式增长。从2005年到2007年，我国对外投资累计559亿美金，超过此前23年对外投资总额——455亿美金。自2008年到2010年，每年均超过455亿美金。2010年中国对外投资总额超过日本，成为世界第五大对外投资国。

美国因其开放的对外政策、丰富的自然资源、良好的基础设施、先进的技术设备、稳定的政治局势、健全的法律制度而备受欲跨国投资的中国企业青睐。总结近十年中国企业赴美直接投资特征，可将其高度概括为：并购行业众多、覆盖美国全境、以并购方式为主、以国有企业为核心。

（一）中国企业赴美并购概况

我国企业赴美投资有三大推动力：保持并增加市场份额，获取资源及高端技术，参与美国经济并借此组建全球性产业链。我国企业从2007年起，赴美直接投资数额激增，发展至2010年，我国对美直接投资项目达65件，投资总额达54亿美金。这些统计数据相对于我国以前赴美投资有明显增高，但与同年他国赴美投资相比，仍处于较低水平。截至2010年，英国、法国、德国等欧洲企业仍是赴美投资的主力军，欧洲企业占美国外来直接投资的2/3以上。亚太地区的日本、澳大利亚、新加坡等国投资比重较大。

就我国赴美并购交易涉及的行业领域来看，多集中在能源化工、工业机械制造、信息技术、消费品制造、金融及商业服务、化石能源领域。投资化工领域的主力为我国国有企业，其他行业均有私营企业参与。

我国世界工厂的地位需要解决能源短缺问题，美国资源丰富，故能源化工领域成为我国对美直接投资的重要领域，外加这一行业属资本密集型企业，故以国有企业为投资核心。我国的华为、中兴等优秀企业在信息技术行业已达到世界尖端水平，这些企业为建立自己的全球产业链条，积极赴美并购，带动了赴美信息技术领域类投资。消费品制造、工业机械制造属于我国传统优势产业，在"走出去"战略中，有实力、有基础率先迈出国门。我国对美金融领域的投资可为中国企业海外经营提供配套服务。

我国赴美直接投资以并购方式为主。我国赴美跨国并购投资额远高于绿地投资额，从 2003 年到 2010 年，跨国并购投资总额高出绿地投资总额 3 倍以上。跨国并购受我国企业青睐源于我国与美国文化差异较大且缺乏跨国公司管理经验，采用并购方式进入美国市场可以充分借用被并购企业已有的品牌声誉、客户资源、管理团队等。因此，较绿地投资需规划建设而言，外资并购更具先发优势。

我国企业赴美直接投资主体从数目上看私有企业多于国有企业，但就投资规模水平而言，国有企业远高于私有企业。我国国有企业经过多年市场化改革，大多数企业已成为完整意义上的市场经济主体，但国有企业身份在赴美投资中仍可能带来障碍。在美国政府分析中国投资给美国经济带来影响的一份报告中认为：中国企业在美国建立的子公司并非单纯的市场主体，它们被国家政策目标所驱动。报告还指出：中国对外投资主要由国有独资企业和国有控股企业组成。这些企业易受中国政府政策影响，而中国政府才是最终的利益所有者。这些企业将受政府影响决定投资的行业、领域及收购对象等。正是因为美国政府的这种固有看法，使得我国中海油并购案、华为并购三叶案等均以失败告终。[1] 事实上，基于对外直接投资理论，中国对美直接投资实际数额低于美国预测数额。美国有广阔的国内消费市场，有充足的自然资源，虽然不具备劳动力低廉等生产要素优势，但是拥有先进的技术和管理经验，因此即便单就资本效率标准而言，仍具备十足的吸引力。然而美国政府曾因国家安全原因阻止中国数起外资并购交易，挫伤了中国企业赴美投资的热情。[2]

（二）中国赴美直接投资对美国经济影响分析

美国地方政府与联邦政府对中国直接投资产生的经济影响认识不一。美国地方政府官员积极开展多项经济活动以吸引中国直接投资进入本地市场，以此推动当地经济在经历次贷危机后复苏发展。联邦层面对中国直接投资存在不同看法，大部分联邦政府机构（如财政部）希望积极引入中国资本刺激经济发展；也有联邦机构（如国防部、商务部）十分担心中国直接投资给美国国家安全和经济安全带来潜在的负面影响；联邦劳工部等机构从劳动就业市场考虑，希望中国企业赴美投资，尤其

［1］ U. S, Analysis of Chinese Investments U. S. Economy, p. ix.
［2］ U. S, Analysis of Chinese Investments U. S. Economy, p. 94.

是绿地投资形式，这种方式可更有效地促进本国就业。虽然美国政府对中国资本进入美国市场的影响认识并不统一，但从实践来看，中国直接投资可以给美国经济带来的积极影响包括：促进就业、繁荣经济、稳定金融、推动技术发展。

促进美国就业。中国在美投资主要领域之一为工业机械制造及消费品制造，这些行业对劳动力需求较大，可以帮助缓解美国金融危机带来的高失业率问题。另外，在美国投资经营的中国企业给员工支付的平均工资约 65 000 美金一年，高于美国同行企业的平均工资水平。[1] 因为企业产业结构问题及美国官方统计数据延迟，很难对中国赴美投资产生的具体就业岗位予以精确统计，但是美国官方报告认为：从 2006 年到 2010 年，中国赴美企业为美国增加了 1 万到 2 万个就业岗位。在遭受次贷危机重创的美国就业市场，创造任何一个工作岗位都会受到国民欢迎。[2]

繁荣美国国内经济。中国企业跨国并购可直接帮助陷入经济困难的公司稳定经营。相比证券投资，跨国并购可以给东道国带来更稳定的资金流，跨国并购后的公司产生的利润多又投资于美国市场，从而对美国经济产生正面效应。我国万向集团在美国多起并购案被美国官方认为对美国经济产生积极影响。万向集团前身是一个乡政府开办的小工厂，通过多年积累，万向集团成为中国最大的汽车零件制造商之一，并在海外设立数个国际公司。1993 年万向集团开始在美国肯塔基州设立子公司，

---

〔1〕　冯明："中国在美国直接投资的趋势、结构与障碍"，载《世界经济与政治论坛》2012 年第 3 期。

〔2〕　U. S, Analysis of Chinese Investments U. S. Economy, p. viii.

进军美国市场。万向直接或间接地成为福特、克莱斯勒、大众等零部件配套厂。2007 年万向集团美国公司（简称万向美国）年产值超过 10 亿美金。从 1999 年到 2006 年，36 家美国零部件制造商申请破产保护，万向美国通过并购其中的一些制造商扩大自身实力。万向美国先后在美国伊利诺伊州、密歇根州、密苏里州等地收购了通用汽车工业公司、洛克福特公司及美国环球控制系统公司等近 30 家美国知名汽车零部件公司，现在万向产品已成为世界汽车巨头——美国通用汽车公司的配套产品。万向美国通过并购扩充自身实力后，将获得的利润重新投资美国市场，据美国官方统计，万向美国截至 2011 年，已经并购或持股 20 家美国公司，雇佣约 5000 名美国员工。

稳定金融。2007 年开始，美国金融股票市场因为房产泡沫破灭遭受严重冲击，美国金融领域成为中国投资主要行业之一。中国 CIC 以 56 亿美金价格收购了摩根士丹利 9.9% 的股份，中国 CITIC 证券购买了贝尔斯登投资公司 10 亿美金的股份，中国 CDN 斥资 30 亿美金并购巴克莱银行。虽然美国金融状况并没有因为这些投资而好转，但这些投资加上中国及其他国家的主权基金确实从客观上阻止了美国金融的迅速恶化。[1]

推动技术发展。中国"走出去"企业中绝大多数属于国内优秀企业，其中不乏技术先进、管理经验丰富的企业，如联想、华为、海尔等。这些企业的赴美投资不仅不会产生技术溢出效应，还会在生产效率上为美国带来积极影响。更重要的是，"走出去"的中国企业大都希望通过进军美国市场，优化资源配置，

---

[1] U. S, Analysis of Chinese Investments U. S. Economy, p. 82.

以整合出自己的全球产业链，因此中国赴美企业多在美投入大量技术研发资金，仅2009年投入金额便达2100万美金。中国企业将美国作为高新技术研发基地，提高自己的技术研发能力，从客观上推动了美国技术的发展。

美国认为中国直接投资给美国带来积极影响的同时，也存在隐患。美国国内利益集团及部分政策制定者认为隐患包括以下方面：首先，中国赴美并购以国有企业为核心，国有企业可以更便利地获得中国政府的金融支持，如获得更低成本的银行贷款，从而在并购中比其他竞争者更具优势，这种不公平竞争可能在全球范围内扭曲资本的有效配置。同时，国有企业也更容易受中国政府的政策影响，政府可能会替这些企业决定在美国什么地域、何种产业投资，这样不利于美国市场遵循价值规律，影响美国经济的长远发展。其次，中国国有企业并购可能损害美国经济。因为相对私营企业而言，中国国有企业管理效率低、所获利润较低，并购美国企业后，因为缺乏先进的管理经验，可能对美国经济的长期发展造成负面影响。最后，如果中国赴美投资者按照中国国家产业政策及官方投资指南实施投资，可能对美国的经济安全及国家安全造成威胁。美国官方认为：中国政府政策目前指引本国公司通过跨国并购获取东道国关键工业领域的领先技术及能源开发，这样可能有损美国能源战略安全，导致美国关键技术泄露并转移至中国。[1]

大量研究证明，中国赴美投资产生的积极影响占主流地

---

[1] U. S, Analysis of Chinese Investments U. S. Economy, p. 86.

位,[1] 引起美国针对中国跨国并购种种担忧的原因主要有两方面:一方面,中国经济经历三十多年的高速发展,成为世界第二大经济体,而中国与美国长期存在政治、外交分歧,使美国对中国外资格外警惕。另一方面,次贷危机后美国经济暴露出一些根本性问题,中国成为美国最大债权国之一,中国赴美并购在一定程度上激起了美国对本国产业安全、国家安全的过度担忧。

（三） 美国对外国直接投资的规制

在法律层面,美国对外国直接投资有三类规制。首先,美国法律明文限制外国直接投资进入某些行业,如核能、广播电视、航空运输、河运海运、采掘、捕鱼等行业。其次,外国直接投资在非限制行业领域并购需通过国家安全并购审查,由CFIUS 履行安全审查程序,审查核心为并购交易是否存在国家安全威胁。最后,外国直接投资并购还需遵守美国法对公司设立、运营、证券发行等方面的规范,如反托拉斯法、公司法、证券法及各具体行业法律法规。

第一类与第三类限制在法律中有明文规定,中国企业在赴美投资中可以有效规避。相比而言,国家并购安全审查具有较大裁量权,审查结果可能会受国会压力、民众舆论影响,甚至会被国内利益集团所利用。在 CFIUS 审查历史中出现过利益集团为了自身利益,通过媒体煽动民众,唆使国会议员提出议案阻止外国投资进入,减少国内竞争的案例（典型如迪拜港口案）。虽然国会无权直接介入 CFIUS 的审查程序,但是可以通过

---

〔1〕 冯明:"中国在美国直接投资的趋势、结构与障碍",载《世界经济与政治论坛》2012 年第 3 期。

修改法律议案的方式让外资并购方主动撤销并购竞价，或影响CFIUS审查决定。

另外，FINSA的立法改革要求国家情报局给CFIUS提供每个交易的安全风险分析报告。这些分析报告并非绝对中立，有时会带国别色彩，情报局的"鹰派"会主张对中国投资进行严格安全分析。这些分析报告虽不直接决定安全审查结果，但会成为CFIUS判断个案风险的依据，因此报告对中国赴美投资的影响不可忽视。例如，我国华为公司与美国贝恩资本联合欲并购美国网络设备制造商3COM公司，终未通过CFIUS的审查。情报局的安全分析认为3COM公司为美国国防部提供入侵检测技术，对3COM的外资并购有可能导致涉及美国国家安全的技术泄露，以致威胁美国国家安全。华为公司只得终止并购。华为失败的并购案例说明，"9·11"后的CFIUS对涉及美国国家安全的判断因素更广泛、更严格，商业并购呈现政治化倾向。同时，由于中美两国在政治制度、经济体制、国家利益、企业形态等方面的巨大差异，使得我国企业在赴美并购时更容易成为被审查对象，受到的审查和监管也更为严格、苛刻，华为总裁任正非的军队服役历史也成为影响并购的重要因素。

中国企业赴美并购面临挑战。挑战不仅源于两国文化差异及我国企业的跨国并购经验缺乏；还源于中美间的经济政治关系可能让有些中资跨国并购面临更严格的国家安全审查，从而导致并购不确定性及成本升高。为更顺利地实施我国"走出去"策略，有必要研究中国企业赴美并购的对策问题。

三、中国企业赴美并购的对策研究

近年来，由于受到CFIUS安全审查的限制，我国"走出去"

的企业屡遇不顺。中海油、华为、鞍钢、西色公司等对目标公司的收购都以失败告终，这就要求我们认真对待和深入研究美国的外资并购法律，尽快找到破解之法、应对之策，以规避赴美收购中的法律风险。现结合我国企业赴美并购实例，总结对策如下：

（一）加强双边交流，签署投资保护协定

通过对典型案例的考察，不难看出美国保守主义者在 FDI 监管制度实行与演变过程中起着极其重要的作用。从 1988 年《埃克森－弗洛里奥修正案》出台，到《伯德修正案》中对 CFIUS 审查范围的扩展，再到 2007 年 FINSA 和《2008 条例》的颁布，无一不是美国保守主义者推动的结果。而在 CFIUS 的审查过程中，很多典型并购案的失败也与美国保守主义者有着密不可分的关系。

典型如西色公司与优金公司并购案。西色公司愿意以 2650 万美金收购优金公司，以此获得优金公司在内华达州 4 个矿区的采矿权等。双方在 2009 年 10 月向 CFIUS 发出主动审查申请。很快 CFIUS 便通知双方当事人进入正式审查阶段。在审查过程当中，CFIUS 最关注的是优金公司在内华达州有一个矿区非常接近美国内华达法伦海军航空站（Fallon），这个航空站是用来测试武器的。CFIUS 认为这起并购案可能会导致涉及敏感、安全机密的资产和军事资产的信息泄露。为了使该项并购交易成功，优金公司曾尝试对并购案进行修改，但 CFIUS 在当年 12 月宣布由于国家安全原因建议当事人停止并购交易。该并购案以失败告终。优金公司经营资产与项目并非 FINSA 中所涉及的"关键性基础设施"，而整个并购案被叫停的实质在于被并购公司地理位置问题。这是一个从没有在任何管制法律条文中被涉及的因素。该合并案被叫停背后显然有更深层的原因，原因之一是中国在国际上不断扩张的稀有金属使得美国保护主义者感到恐慌、忌惮。

我国企业要想赴美并购成功，克服美国保守主义者带来的消极影响是一个十分重要的环节。而要做到这一点，仅靠企业的能力是不够的。因此，中美两国应从双方的共同利益出发，加强双边交流，尽快签署投资保护协定，以抑制投资保护主义对自由投资带来的不利影响：一是向美国社会推介我国企业在管理方式、商业运作等方面的特点，提高透明度，让美国政界、主流媒体、社会公众了解到中资企业的真实情况，消除偏见和误解；二是适当调整我国的对外引资政策，取消外资的超国民待遇，制定针对外国政府损害我国企业利益的反制措施，以此推动 CFIUS 的改革；三是督促美方保证 CFIUS 审查程序的独立和公正，提高审查程序的透明度，减少政治因素的干扰和国别歧视，避免执法的随意性。

（二）深化国有企业改革，完善公司治理制度

FINSA 加强了对外国政府投资的监管，而"外国政府控制的交易"指的是"可能控制美国企业的外国政府、代表外国政府或受其控制的实体"。由于中美两国政治上的差异，美国社会对中国公司和政府的关系相当困惑，对我国企业赴美投资的动机抱有很大戒心，即使是像华为这样的民营企业，美方也认为其受到中国政府的支持和影响。

典型如我国中海油并购美国能源公司优尼科。2005 年中海油提出以 185 亿美金现金收购优尼科全部流通股，远高出竞争

对手美国第四大石油公司雪佛龙（Chevron Corporation）的收购价格。之后，中海油主动向 CFIUS 提出安全审查申报。在中海油要求审查一周后，美国国会以中海油不一定能提供足够资金保障为由阻止 CFIUS 审查中海油并购案。国会随后作出决定，该项并购案审查需在国家能源部对该项交易完成足够调查后方可进行。几天后众议院和参议院达成共识并通过了 POMBO 修正案。修正案规定：由中国政府拥有或控股的企业或组织在投资美国能源类公司时需要将 CFIUS 的正式审查时间延长为 90 天，而额外审查时间延长为 51 天。在 POMBO 公布修正案后，中海油迫于压力撤出了并购竞争。在优尼科公司并购案中，中海油虽然报价丰厚但并未赢得美国民众和决策者的支持，个中原因是复杂而微妙的。在美国人看来，中海油是一个大部分资本受控于中国政府的公司，并非完全民营。事实上，这次收购计划中的大部分资金来源于优惠的国内金融贷款政策。更为重要的是，美国决策者认为，这样一个有国资背景的公司参与收购可能导致优尼科的关键技术为中国所有。同时，美国认为中国法律并未给予美国 FDI 涉足中国相关领域的优惠政策。依据互惠条件，中海油并购案不应予以支持。

美国对我国国有企业的这些认识虽并不准确，存在偏见和误区，但我国国有企业确实还存在改革不到位的问题。因此，我们一方面要加强沟通和交流，让美国社会了解到真实的政企关系。同时，还要按照市场经济体制的要求，进一步深化国有企业的改革，实行政企分开、政社分开、政资分开，使我们的国有企业真正成为一个独立核算、自主经营的商事主体。

（三）协作联动，建立企业"走出去"的支持机制

要实现"走出去"，仅靠企业单兵作战是难以成功的，国家

还必须建立一种支持联盟。这个联盟既包括政府职能部门，如发改委、外交部、商务部、工信部等部委；也包括相应的中介服务机构，如律师事务所、会计师事务所、资产评估事务所等，还有相关的学术团体。这些机构和部门应当加强联系，协作联动，重点做好以下几个方面的工作：一是建设专门的信息发布平台，提供信息服务，帮助我国企业深入了解美国的市场体系和法律体系，有的放矢地制订并购方案；二是帮助赴美企业向国会和公众做好推介工作，帮助企业与地方政府、投资商、社区、公众等利益相关方进行有效沟通，加强对关键性议员的游说；三是帮助企业加强对投资项目的预评估，在论证阶段就征求 CFIUS 的意见；四是建立专家库，利用学术界的力量，持续跟踪和研究美国政治、经济、社会、法律环境的变化，为企业赴美收购提供智力支持。

（四）适应 CFIUS 的审查规则，制定合理的并购策略

CFIUS 对 FDI 的审查是一个多种利益的角逐过程，要受到多方面因素的制约。其中，影响因素最大的是美国国家利益，尤其是国家安全利益，这已成为我国企业赴美并购的主要法律障碍；其次是作为公司所有人——股东自身的权益；此外，合并方案还应最大限度地取得美国民众的支持，至少应当避免引起美国民众对外国资本控股的妨碍与担忧，这也是制订并购方案时急需关注的利益立足点。例如，在迪拜港口世界（Dubai Ports World, DPW）并购英国航运公司（P&O）案中，虽然并购方案通过了 CFIUS 的审查，也取得了布什政府的认可，但最终由于主流媒体引发的全国对该项并购的反对而失败。因此，我国企业赴美并购一定要深入了解美国特殊的政治、法律、商业、

道德、文化因素。一是要选择正确的并购对象。目前，中国企业的海外并购，最常见的问题就是并购目标对象错误，中海油、鞍钢、华为等选定的并购目标，都是美国的敏感和禁忌领域，只能无果而终。因此，企业在赴美并购之初，一定要充分研究 CFIUS 的审查规则，回避美国法律禁止并购的领域和行业。二是要加强与联邦和州决策者的交往，加大对国会议员的游说力度，向决策者推介自己的公司以及并购给美国社会带来的好处。由于美国国会是各种利益集团游说、公关和利益博弈的场所，国会往往基于政治因素和意识形态的考虑，很容易被利益集团俘获，干扰我国企业对美方项目的并购。而我国企业由于对国会议员游说不足，导致在美国商业议题辩论中处于不利地位。如中海油收购优尼科公司的失败，源于雪佛龙公司通过其在国会中的代言人，向财政部和 CFIUS 施压所致；华为并购的受阻，则是思科公司的阻挠。三是要加大对美国媒体和公众的宣传力度。长期以来，我国企业很少在美国传媒上跟公众打交道，未能在美国树立良好的公司形象而被一些议员"先入为主"，进而对并购产生不利影响。为了顺利实现赴美投资计划，我国企业必须时刻保持透明，向主流媒体和美国社会提供准确信息。四是主动和目标公司董事会、股东和员工保持坦诚的、直接的沟通，切实维护被并购企业员工的利益，换取董事会的好感和员工的支持。五是运用"安全港"（Safe Harbor）条款，主动与 CFIUS 联系，请求审查。在外资并购案中，当事人为了避免来自 CFIUS 的叫停风险，一般都会采用主动申请非正式审查的方式进行风险规避。既可以避免混乱，也表明了遵守美国法律的认真态度。由于美国法律并没有明确告知当事人应当在什么样

的情况下必须通知 CFIUS 进行磋商。[1] 因此，当事人所能做的
是对任何可能涉及商务控制权转移的外资并购案，且有可能涉
及国家安全因素的均需及时向 CFIUS 提出磋商。从这个角度讲，
华为在 3LEAF 并购交易中最严重的失误就是没有事先寻求 CFI-
US 的审查。

值得欣慰的是，2013 年 2 月，中海油以 151 亿美元的价格
成功在加拿大收购了尼克森（NEXEN）的普通股和优先股，成
为迄今为止我国企业最大的海外收购案。虽然此次收购也是一
波三折，但中海油吸取了此前收购优尼科公司失败的教训：根
据加拿大法律优化并购方案，将其北美地区总部迁到加拿大卡
尔加里，与目标公司主动接触、表明诚意，保留了尼克森公司
的全部员工，最大限度地维护了东道国利益，取得了当地民众
和政府的支持，故最终取得成功。中海油对尼克森的成功收购，
为我国企业赴美收购提供了重要的指引作用。

四、典型案例

与绿地投资相比，跨国并购是一种更直接有效的投资手段，
但也更容易对东道国的国家安全产生影响。自 2004 年我国联想
集团成功并购美国 IBM 个人电脑业务后，我国企业赴美并购数
量逐年递增，并购金额逐渐扩大。2004 年至今，我国企业不断
尝试发起以美国企业为对象的跨国并购，多次因不能通过美国
的国家安全审查而以失败告终。典型的失败案有：2005 年，中

---

[1] Margaret L. Merrill, "Overcoming CFIUS Jitters: A Practical Guide for Understanding the Committee of Foreign Investment in the U. S. ", *Quinnipiac Law Review*, 30 (2012), p. 12.

海油收购优尼科，竞购价格 185 亿美金，后因国家安全原因被迫撤回竞购；同年，海尔联手贝恩与黑石收购美泰克公司，竞购价格 12.8 亿美金，后因国家安全原因被迫撤回竞购；2007年，华为与贝恩共同收购 3COM 公司，竞购价格 22 亿美金，后华为因国家安全原因而被迫撤回竞购；2010 年，华为竞购摩托罗拉移动网络部门，竞购价格 12 亿美金，因未通过 CFIUS 并购安全审查而以失败告终；同年，四川腾中重工收购悍马公司，竞购价格 1.5 亿美金，因未通过 CFIUS 并购安全审查而以失败告终。同年，华为竞购 2Wire 公司，竞购价格 5.75 亿美金，因未通过 CFIUS 并购安全审查而以失败告终。2011 年，华为并购 3LEAF，竞购价格 200 万美金，因未通过 CFIUS 并购安全审查再次以失败告终。

典型失败案例表明，美国 CFIUS 审查机制以完整的法律体系为基础，CFIUS 作为跨部门联合执法机构有充足的执法资源实施审查，加之美国利益集团博弈使得中国企业赴美并购充满挑战。虽然充满困难，但中国企业赴美并购不乏成功案例，例如万达公司并购 AMC、万向集团数起成功并购交易等，可见我国企业通过美国 CFIUS 并购审查机制有对策可寻。现以最近一起颇具影响力的成功并购案例"双汇国际并购史密斯菲尔德"为例探讨成功并购经验。

（一）双汇国际并购史密斯菲尔德并购案简介

2013 年 5 月 29 日，双汇国际控股有限公司（简称双汇国际）与美国史密斯菲尔德食品公司（简称史密斯菲尔德）联合宣布，双汇国际将以 71 亿美金价格收购史密斯菲尔德，该并购案是迄今为止中国企业赴美并购金额最大的一宗。

双汇国际是我国从事肉制品加工的大型企业，史密斯菲尔德是全球最大的食品公司。在宣布并购后，双汇国际于同年 6 月初向 CFIUS 提交审查申请。这起并购交易发生在农业与食品行业，并未落入 FINSA 中所列举的典型审查范围如国防、军事、高科技、基础设施、能源等。但在双汇国际提交审查申请后，7 月 25 日 CFIUS 决定对其进行正式审查。7 月 10 日，美国国会参议院农业、营养和林业委员会举行听证会，评估该并购。听证会期间，委员会主席史戴布诺提出食品安全属于国家安全的一部分，故该并购交易应被严格审查，还进一步提出农业部应成为 CFIUS 审查机构。期间，美国国家农民联盟等食品安全社团也纷纷表达对该并购的担忧，7 月 23 日，17 个美国民间团体联名写信给 CFIUS 要求否决双汇并购案。面对来自国会及民间团体的双重压力，CFIUS 从 7 月 25 日对双汇并购案发起正式审查。

审查结果虽姗姗来迟但令人满意，CFIUS 于 2013 年 9 月 6 日宣布该起交易通过安全审查。CFIUS 作出决定的分析过程因涉及商业秘密等原因不予公开，但有分析人士认为，美国政府批准双汇并购案的原因大致有三：首先，外国企业通过并购投资可促进美国经济增长与就业；其次，农业并非国家安全敏感领域，如不批准该交易可能削弱外国投资者对美国市场兴趣；最后，双汇国际在并购方案中保留史密斯菲尔德管理层和员工，获得了劳工组织和地方政府的支持。

并购对交易双方均产生了积极影响。双汇通过并购可以提升过品牌知名度，拓展国际猪肉加工市场；双汇还可以利用史密斯菲尔德的经验与技术，缩短双汇在生鲜品及屠宰业务上与竞争对手的成本差距，建立产业规模优势。对史密斯菲尔德而言，可以打开美国猪肉进入中国的渠道，且美国猪肉市场逐年饱和，双汇的高价并购可以给被并购公司股东带来巨大的现金流。

（二）成功经验分析

1. 加强双边交流的大背景

双汇并购交易面对良好的时机：2013 年 6 月中美两国领导人在美国举行庄园会晤，围绕构建新型两国关系交换意见，促进双边投资是重要议题。随后 7 月初举行第五轮中美战略与经济对话，美国承诺增强 CFIUS 审查透明度，并对中国投资者，包括国有企业，保持开放的投资环境。

在加强中美关系、促进双边合作的大背景下，需要一桩成功的案件起到示范作用，双汇国际的大规模并购交易正逢其时。由此可见，我国企业要想赴美并购成功，就要克服美国保守主义者带来的消极影响，仅靠企业的能力做不到这一点。因此，中美两国从双方的共同利益出发，加强双边交流，签署投资保护协定，可以有效抑制投资保护主义对自由投资带来的不利影响。

2. 深化国有企业改革，完善公司治理制度

双汇国际是一家注册于开曼群岛的控股公司，间接控股在中国境内从事肉制品生产的双汇发展公司。双汇国际经过股权改革与出售，最大的股东是国际 PE 基金鼎晖，高盛和淡马锡也是它的主要股东。由此可见，双汇国际不是国有企业，而是一家深化改革后形成的国际公司。

虽然美国国会有议员认为双汇发展具有政府背景，因为其接受大量政府补贴，而且为双汇国际融资的中国银行属于中国

国有四大商业银行之一。事实证明这种说法并未在双汇并购安全审查中占据上风，因为双汇国际一方面通过引入国际私募基金和国外主权财富基金的方式分散股权，弱化企业的政府背景；另一方面积极深化公司改革，健全公司治理结构，成为独立经营的法人主体。

考察 CFIUS 审查经历可知，美国外资并购安全审查对具有国资背景的企业更为严格，美国认为国资背景企业的商业行为必然受本国政府意志影响。我国赴美跨国并购的主体核心恰为国有企业。在中远集团并购美国长滩码头时，美国有媒体将其形容为"解放军的桥头堡"。华为集团作为私营企业，因为华为总裁任正非的军人背景使美国认为华为与中国军方有千丝万缕的联系，故华为赴美并购连连受挫。企业的政府背景属于 FIN-SA 安全审查范围之一，视为给国家安全带来威胁，成为中国企业赴美并购的重大障碍。双汇国际并购案的成功启示有：通过分散股权来弱化企业的政府背景；引入产权分离的现代化管理制度来完善公司治理结构；以这样的公司主体进行并购有助于降低东道国政府担忧，减少外资并购阻力。

3. 适应 CFIUS 的审查规则，制定合理的并购策略

正确地把握 CFIUS 审查规则。依据 FINSA 规定，外资并购涉及所列举的行业或业务领域需接受安全审查。我国以往赴美并购涉及的行业中，能源业长期居首，制造业紧随其后，与我国经济及产业体系发展密切联系，但这两个行业均为 FINSA 定位的敏感行业。

双汇国际并购给我国企业提供了新的投资视角，农业与食品行业目前不属于 FINSA 规定的审查范围，对这些行业投资可

降低安全审查阻力。2012 年万达成功并购美国 AMC 院线运营公司，成为在美国直接投资的中国企业第一人，万达的成功并购同样说明非敏感行业的投资是减少并购阻力的因素之一。因此，我国企业赴美并购要深入了解美国本土政治、法律、商业、道德、文化因素，选择正确的并购对象，充分研究 CFIUS 的审查规则，回避美国法律禁止并购的领域和行业。

积极的公关宣传。美国国会是各种利益集团游说、公关和利益的博弈场。国会往往基于政治因素和意识形态的考虑，很容易被利益集团俘获，干扰我国企业对美方项目的并购。我国企业应加强对国会议员的游说，加大对美国媒体和公众的宣传力度。在双汇国际并购中，双汇国际董事局主席在多个场合公开表示，该起并购交易给美国带来正面影响，不存在国家安全威胁。其股东高盛集团也积极对美国利益集团展开游说宣传。双汇国际的成功公关说明中国企业赴美并购不能消极等待，应主动聘请律师或公关公司向国会及大众宣传，游说利益方，打消美国疑虑，以提高并购成功的砝码。中远并购美国长滩码头交易也说明了积极游说、宣传在外资并购中的重要性。被誉为"解放军桥头堡"的中远在宣布发起并购后，其董事长亲自前往美国积极开展公关工作，聘请专业公关公司，主动接受《华盛顿邮报》专访。积极的公关工作帮助中远集团消除了美国民众的担忧和国会的疑虑，最终取得并购成功。

合理的并购策略。双汇国际并购的成功得益于其合理的并购策略。一方面，双汇国际把握了良好的并购时机。双汇国际并购的史密斯菲尔德公司自 2008 年金融危机后便陷入经营困境，自 2009 年到 2011 年均处于亏损状态，企业急需资本摆脱危机。另一方面，双汇国际在并购过程中主动和史密斯菲尔德公司董事会、股东和员工保持坦诚的、直接的沟通，切实维护被并购企业员工的利益，换取董事会和员工的支持。双汇国际在并购计划中承诺，合并后保持史密斯菲尔德运营不变、管理层不变、品牌不变、总部不变、不减裁员工、不关闭工厂，并将与美国生产商、供应商、农场继续合作。这样的并购计划保障了各方的权益，得到了目标公司的合作与支持，为并购成功奠定了基础。

双汇并购的圆满收官标志着我国企业向多种产业发起跨国并购的新趋势，它的成功给我们的启示有：为获得跨国并购的成功，我国企业在宏观层面上，应善于利用友好的贸易环境；在微观层面上，应积极开拓非敏感行业投资领域、有效淡化企业政府背景、建立完善的公司结构、吃透安全审查规则、制订合理的并购策略。

参考文献

一、中文著作及期刊

1. 巴中倓主编:《大国兴起中的国家安全》,北京大学出版社 2005 年版。

2. 杨鸿:"美国国家安全审查对主权基金的监管及其启示——结合美国国家安全审查相关规则最新改革的分析",载《河北法学》2009 年第 6 期。

3. 龚柏华、谭观福:"美国总统以国家安全为由否决外资并购令可诉性分析——兼析中国三一集团告美国总统否决并购侵权案",载《国际商务研究》2014 年第 3 期。

4. 丁丁、潘方方:"对我国的外资并购国家安全审查制度的分析及建议",载《当代法学》2012 年第 3 期。

5. 冯雷等:"关于'走出去'战略的文献综述",载《经济研究参考》2011 年第 60 期。

6. 冯明:"中国在美国直接投资的趋势、结构与障碍",载《世界经济与政治论坛》2012 年第 3 期。

二、学位论文

1. 张举胜:"美国外资并购国家安全审查制度研究——兼论中国外

资并购国家安全审查制度的构建"，中国政法大学 2011 年博士学位论文。

2. 徐维余："外资并购安全审查法律比较研究"，华东政法大学 2010 年博士学位论文。

3. 董永："简述我国外资并购国家安全审查法律制度"，上海社会科学院 2012 年硕士学位论文。

三、其他中文文章

1. ［美］米歇尔·帕伦蒂："全球化是跨国公司对国家主权搞'政变'"，载《环球视野》电子版，管彦忠摘译自西班牙《起义报》，http：//www.wyzxwk/Article/guogi/2009/09/75874.html.

2. "三一重工诉奥巴马案获阶段性胜利 过程比结果重要"，载新华网，http：//news.xinhuanet.com/finance/2014 - 07/17/c_ 12676 3814.htm.

四、中文法律条文

1.《国务院办公厅关于建立外国投资者并购境内企业安全审查制度的通知》。

2. 发改委、商务部《外商投资产业指导目录》。

3. 商务部《关于外国投资者并购境内企业的规定》。

五、英文参考文献

1. "Foreign Investment in the United States：Major Federal Statutory Restrictions"，*CRS Report*，2013.

2. Boorstin，"Foreign Investment in America"，*Research Reports*，572 (1974).

3. Joseph E. Reece, Buyer Beware, "The United States No Longer Wants Foreign Capital to Fund Corporate Acquisitions", *Denv. J. Int'l & Pol'y*, 18 (1989 ~ 1990).

4. Auerbach, "Bush Urged to Bar Deal with China", *Wash. Post*, Feb. 2, 1990, at GI.

5. "Chinese Company Objects to Bush Decision on Sale", *Wash. Post*, Feb. 20, 1990, at GI, col. 6.

6. Order Pursuant to § 721 of the Defense Production Act of 1950, Released by the White House, Office of the Press Secretary, Feb 2, 1990.

7. Released by the Congress of the U. S, The White House, Office of the Press Secretary, Feb 2, 1990.

8. "Bush Clears Sale of Monsanto Wafer Unit to West German Firm Despite Opposition", 6 *Int'l Trade Rep.* (BNA) 182 (Feb. 8, 1989).

9. Press Release, The White House, Office of the Press Secretary, Feb. 7, 1989.

10. "HASC Panel Hears Differing Views on DOD Role in Reviewing Defense – Related Acquisitions", 58 *Fed. Cont. Rep.* (BNA) No. 7, Aug, 1992.

11. "GAO Warns of National Security Impact of Thomson – CSF Acquisition of LTV Missiles", 57 *Fed. Ct. Rep.* (BNA) No. 26, June 29, 1992.

12. Peter Spiegel, "Pentagon Wants Tighter Review of Foreign Mergers: Draft Legislation Seeks to Restrict Access to Sensitive U. S. Technology", *Fin. Times*, Apr. 5, 2002.

13. USDA, Foreign Investment: CFIUS Process For Review Foreign Acquisitions Needs Improvement, GAO Says, *Int'l Trade Rep.* 19

(2002), 1987.

14. Steve Lohr, "I. B. M. Deal in China Faces Scrutiny Over Security Issue", *N. Y. Times*, Jan. 27, 2005, at C5.

15. Joshua W. Casselman, "China's Latest 'Threat' to the U. S. : the Failed CNOOC – UNOCAL Merger and Its Implications for Exon – Florio and CFIUS", *Ind. Int'l & Comp. L. Rev.* 17 (2007).

16. Todd Bullock, Katie Xiao, "Bush Administration Says Review of Chinese Unocal Bid Premature", July 19, 2005.

17. GAO, Enhancements to the Implementation of Exon – Florio Could Strengthen the Law's Effectiveness, GAO – 05 – 686, 5 (2005).

18. Richard S. Dunham, "Keeping America Safe: From Foreign Buyouts", *Bus. Wk. Online*, Oct. 24, 2005.

19. Nikul Patel, "Suggesting a Better Administrative Framework for the CFIUS: How Recent Huawei Mergers Demonstrate Room for Improvement", *N. C. J. Int'l. & Com. Reg*, 38 (2012 ~ 2013).

20. U. S. House of Representatives, 112th Congress, Investigative Report on the U. S. National Security Issues Posed by Chinese Telecommunications Companies Huawei and ZTE, Oct. 8, 2012.

21. Terry R. Spencer, Christian B. Green, "Foreign Direct Investment in the U. S. : An Analysis of Its Potential Costs and Benefits and a Review of Legislative Tools Available to Shape Its Future Course", *Transnat'l Law*, 6 (1993).

22. Arthur C. Helton, Dessie P. Zagorcheva, "Globalization, Terrorism, and the Movement of People", *Int'l Law*, 36 (2002).

23. Joanna R. Travalini, "Foreign Direct Investment in the United States: Achieving a Balance Between National Economy Benefits and National

Security Interests", *Nw. J. Int'l & Bus*, 29 (2009).

24. U. S. Dep't of State, U. S. – Japan Investment Initiative Report, 2007.

25. Jonathan C. Stagg, "Scrutinizing Foreign Investment: How Much Congressional Involvement Is Too Much?" *Iowa L. Rev*, 93 (2007~2008).

26. Susan W. Liebeler, William H. Lash III, "Exon – Florio: Harbinger of Economic Nationalism, CATO Rev. Bus. & Gov'T", available at http: //www. cato. org/pubs/regulation/ regl6nld. html.

27. Editorial, "Don't Invest in America Act", *WALL ST. J.*, July 19, (2006).

28. Peter Heyward, "Sovereign Wealth Fund Investment In US Financial Institutions: Too Much or Not Enough?", *No. 5 Banking& Fin.*, Servs. Pol'y Rep, 27 (2008).

29. Jennifer Cooke, "Finding the Right Balance for Sovereign Wealth Fund Regulation: Open Investment v. National Security", *Colum*, *L. Rev.*, 29 (2009).

30. Ronald J. Gilson, Curtis J. Milhaupt, "Sovereign Wealth Funds and Corporate Governance: A Minimalist Response to the New Mercantilism", *STAN. L. REV.*, 60 (2008).

31. Testimony of Alan Tonelson Research Fellow U. S. Business and Industry Council Educational Foundation before the U. S. China Economic and Security Review Commission Hearing on the Implications of Sovereign Wealth Fund Investments for National Security 1, 3 ~ 4 (2008).

32. Martin Arnold, "China Fund Chief Warns on National Security", *Fin Times*, Dec. 11, 2007.

33. Larry Cata Backer, "The Private Law of Public Law: Public Authori-

ties as Shareholders, Golden Shares, Sovereign Wealth Funds, and the Public Law Element of Private Choice Law", *Tul. L. Rev.* , 1801, 82 (2008).

34. Compliant for Declaratory and Injunctive Relief at 10 ~ 11, Ralls Corp. v. Committee on Foreign Inv. in the U. S. , 626 F. Supp. 2d 71 .

35. Amended Compliant for Declaratory and Injunctive Relief, Ralls Corp. v. Committee on Foreign Inv. in the U. S. , 926 F. Supp. 2d 71 .

36. CRS Report for Congress, Foreign Investment and National Security: Economic Considerations, June 27, 2008.

37. Andrew Szamosszegi, An Analysis of Chinese Investments in the U. S. Economy, U. S.—China Economic and Security Review Commission's Capital Trade FDI Study, 2012.

38. Margaret L. Merrill, "Overcoming CFIUS Jitters: A Practical Guide for Understanding the Committee of Foreign Investment in the U. S. ", *Quinnipiac Law Review*, 30 (2012).

六、英文法律条文

1. 46 U. S. C. § 12102.

2. 30 U. S. C. § 181.

3. 49 U. S. C. § 44101.

4. 22 U. S. C. § 611.

5. 15 U. S. C. § 80.

6. H. R. Rep. 576, 100th Cong. , 2d Sess. 926.

7. Executive Order 11858 (b), May 7, 1975, 40 F. R. 20263.

8. P. L. 94 ~ 472, Oct 11, 1976; 22 USC Sec. 3101.

9. Regulation Pertaining to Megers Acquisting and Takeover by Foreign

Person, § 800. 201.

10. Regulation Pertaining to Megers Acquisting and Takeover by Foreign Person, § 800. 213.

11. 50 U. S. C. A. app. § 2170 (e) (West Supp. 1989).

12. 56 Fed. Reg. 58774 (1991, Dep't Treas.).

13. 50 U. S. C. app. § 2170 (West Supp. 1989).

14. § 1797, 109th Cong. (2005).

15. 50 App. U. S. C. A. § 2170 (b) (1) (A). (2007).

16. Ex. Order 13456: Further Amendment of Ex. Order 11858 Concerning Foreign Investment in the U. S. S3 (b). 73 F. R. 4677.

17. Foreign Investment and National Security Act of 2007, § 3.

18. 50 App. U. S. C. A. § 21790 (k) (3). (2007).

19. 31 C. F. R. § 800. 204 (a). (2008).

20. 50 App. U. S. C. A. § 2170 (a) (6). (2007).

21. 31 C. F. R. § 800. 208. (2008).

22. 31 C. F. R. § 800. 209. (2008).

23. Department of the Treasury, Guidance Concerning the National Security Review Conducted by the CFIUS, F. R. Vol. 73, No. 236, 2008.

24. 50 App. U. S. C. A. § 2170 (b) (1). (2007).

25. 31 C. F. R. § 800. 402. (2008).

26. 50 APP. U. S. C. A. § 2170 (a). (2007).

27. 50 APP. U. S. C. A. § 2170 (b) (4). (2007).

28. 50 App. U. S. C. A. § 2170 (b) (3). (2007).

29. Foreign Investment and National Security Act of 2007, Pub. L. No. 110 - 49, 121 Stat. 246 (2007).

30. U. S. Constitutional Law, art. I § 8.

31. 50 APP. U. S. C. A. §2170 (b) (1988).

32. FINSA of 2007 §7 (a) (g) (1).

33. 50 App. U. S. C. A. §2170 (a) (4). (2007).

34. 331C. F. R. §800.214. (2008).

35. 50 App. U. S. C. A. §2170 (b) (2) (B), (D).

36. 31 C. F. R. §800.302 (b) (2008).

37. FINSA §2170 (b) (2) (B).

38. Order Regarding the Acquisition of Four U. S. Wind Farm Projected Companies by Ralls Corporations, 77 Fed. Reg. 60, 281 (Sep. 28, 2012).

39. 31 C. F. R. §800.204 (a) (2008).

图书在版编目（ＣＩＰ）数据

美国外资并购安全审查制度研究/郑雅方著. —北京:中国政法大学出版社,
2015.5
ISBN 978-7-5620-6061-1

Ⅰ. ①美… Ⅱ. ①郑… Ⅲ. ①外资公司－企业兼并－国家安全法－研
究－美国 Ⅳ. ①D971.221

中国版本图书馆CIP数据核字(2015)第102279号

出版者	中国政法大学出版社
地　址	北京市海淀区西土城路 25 号
邮　箱	fadapress@163.com
网　址	http://www.cuplpress.com（网络实名：中国政法大学出版社）
电　话	010-58908435(第一编辑部)　58908334(邮购部)
承　印	固安华明印业有限公司
开　本	880mm×1230mm　1/32
印　张	7
字　数	151 千字
版　次	2015 年 5 月第 1 版
印　次	2015 年 5 月第 1 次印刷
定　价	28.00 元